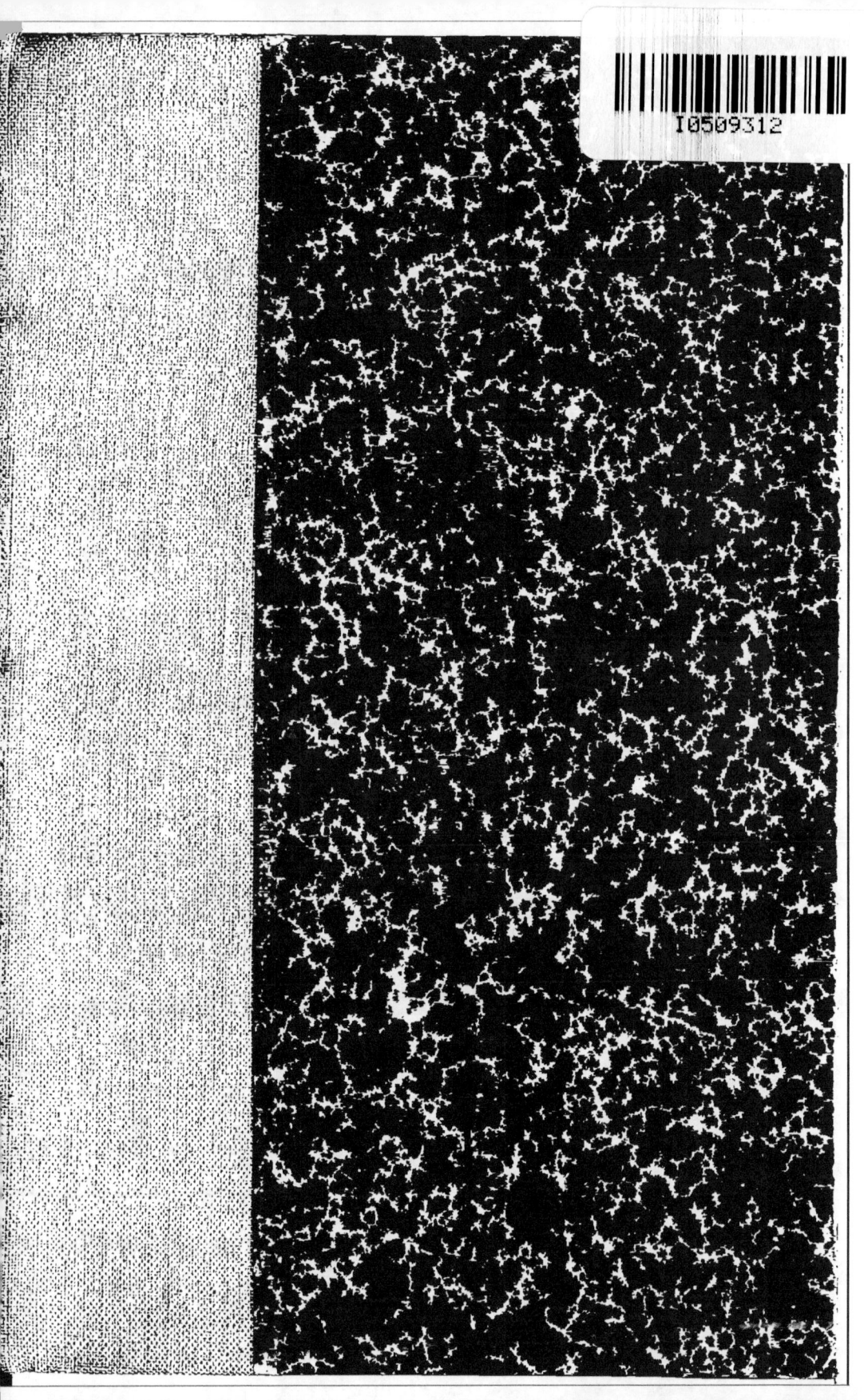

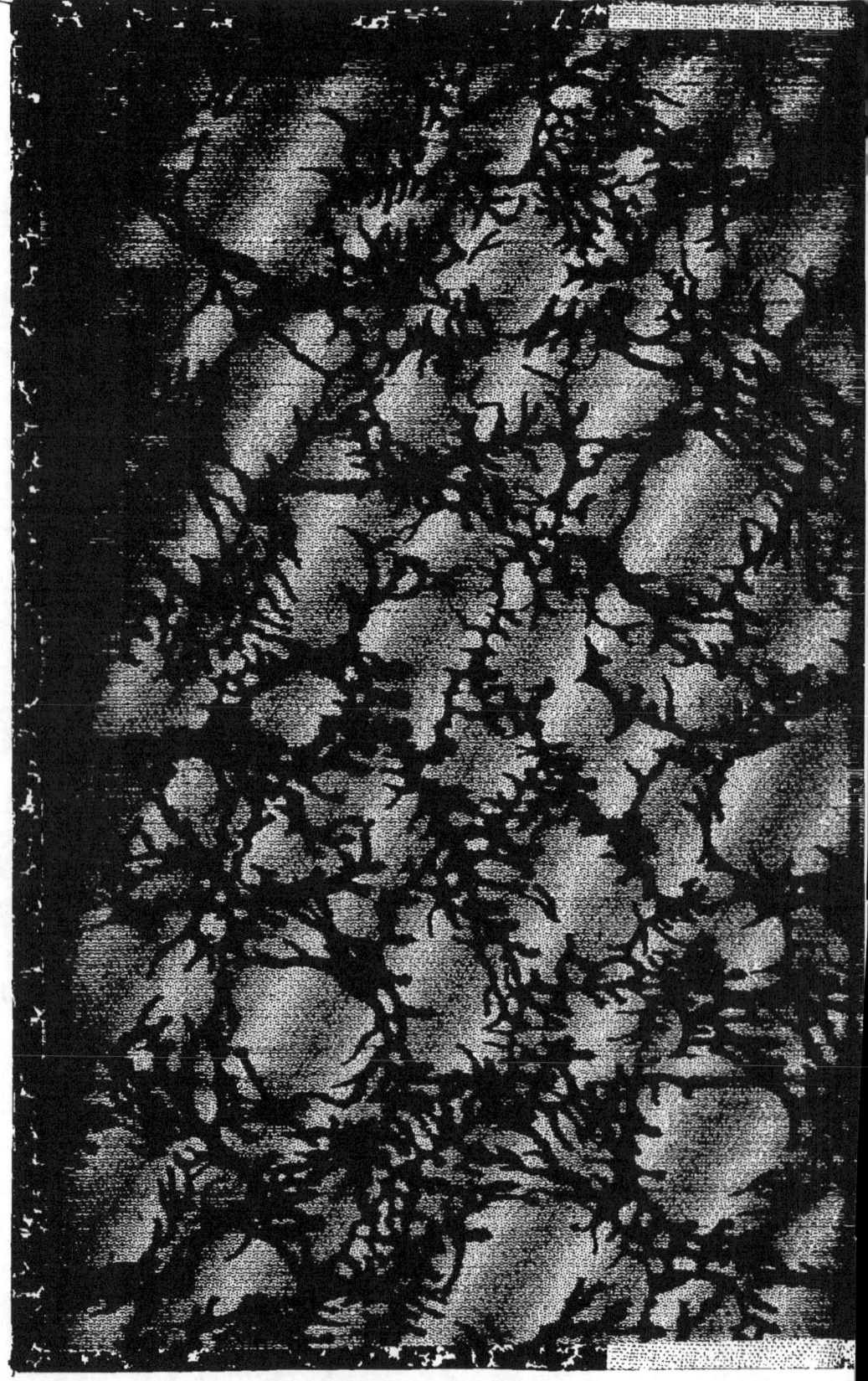

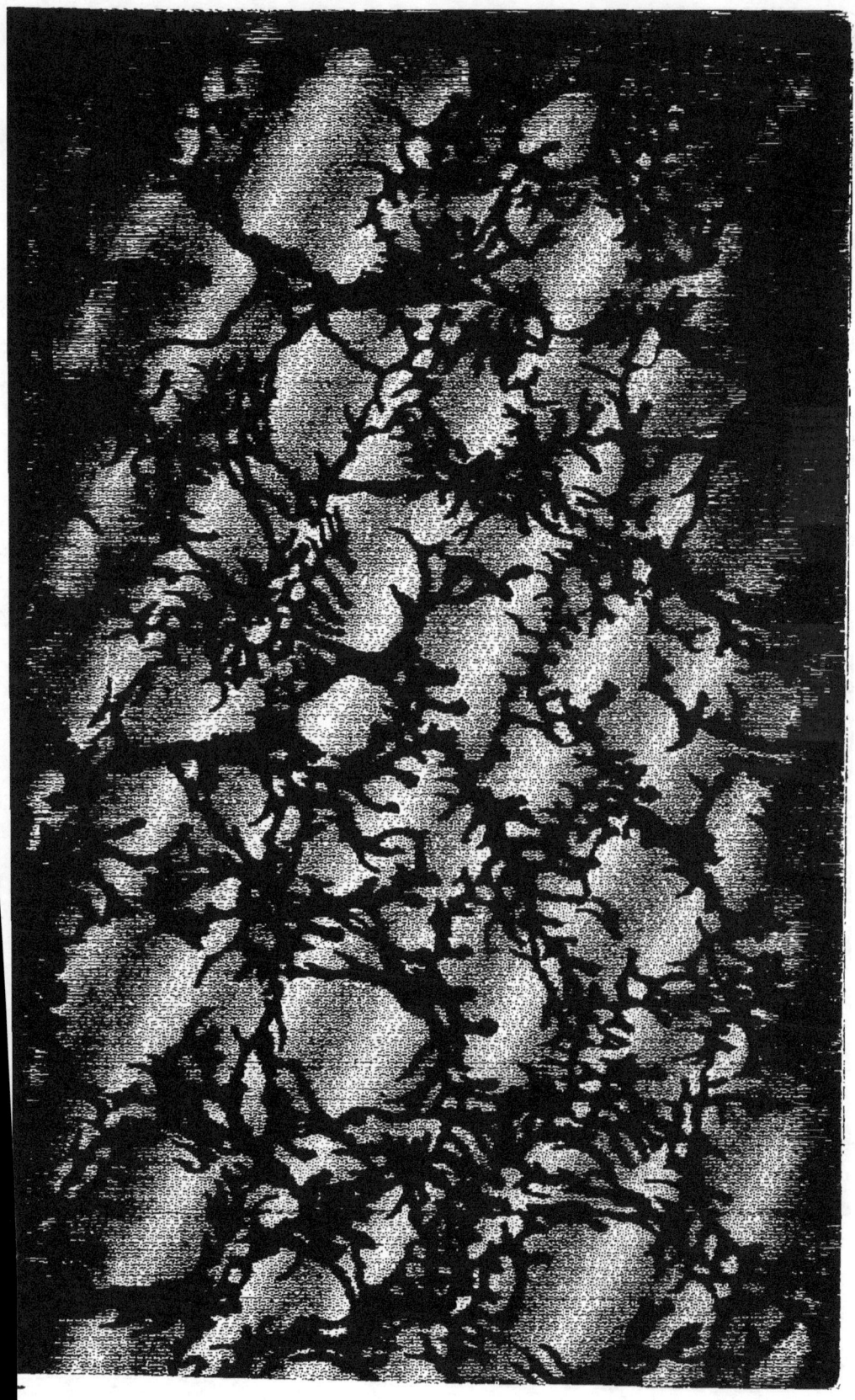

STEMPFER-REL

CHARLES DESPREZ

SOUVENIRS

INTIMES

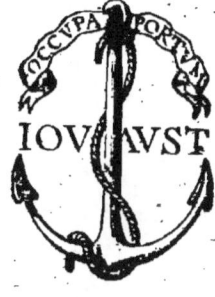

PARIS
IMPRIMERIE D. JOUAUST
Rue Saint-Honoré, 338

M DCCC LXXXI

SOUVENIRS INTIMES

CHARLES DESPREZ

SOUVENIRS

INTIMES

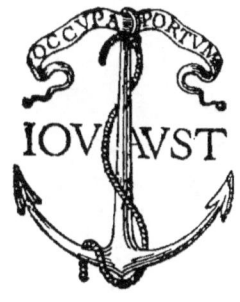

PARIS

IMPRIMERIE D. JOUAUST

Rue Saint-Honoré, 338

M DCCC LXXXI

PRÉFACE

Pour intéresser le public à notre vie, il faut que l'histoire en soit curieuse et présentée avec art; qu'à défaut d'aventures extraordinaires, les mots heureux et les réflexions savantes y abondent. Pour mériter l'attention de nos proches, il suffit, au contraire, de la plus banale existence, familièrement racontée, sans autre guide que le cœur, sans autre méthode que la fantaisie.

Après avoir reçu le suprême adieu de la plupart de mes compagnons de route en ce terrestre voyage, je vois approcher l'heure où je devrai, à mon tour, prendre congé des autres. Sachant par expérience combien la moindre relique ajoute de précision et de charme au souvenir des absents regrettés, j'ai pensé que quelques traces de mon passage, quelques reflets de ma pensée, quelques échos de ma voix me fixeraient plus aisément dans la mémoire de ceux que les lois de la nature ou les caprices du sort destinent à me survivre.

De là, pour mes amis, l'édition de ce livre intime dont les chapitres disposés sans ordre, pêle-mêle, bout-ci, bout-là, pourront du moins, faute d'autre avantage, être lus à bâtons rompus, sans suite ni fatigue, comme un recueil de faits divers ou d'anecdotes.

Charles DESPREZ.

Alger, 1880.

SOUVENIRS INTIMES

I

L'ÉCOLE BUISSONNIÈRE.

Nous habitions, au fin fond de la Brie, — Brie, du mot celte *bray* ou *bry*, qui signifie boue, — loin des centres et des grand'routes, un village de deux à trois cents âmes. C'est assez dire les délices de l'endroit : chemins fangeux l'hiver, poudreux l'été et servant plutôt aux ébats des animaux domestiques, — poules, canards, cochons, dindons, — qu'à la circulation des gens; masures couvertes de chaume moussu, ni boucher, ni boulanger, ni facteur, et pour maître d'école, un pauvre diable dépenaillé, pédagogue des plus humbles, mais tant soit peu frotté de latin. Ce latin, on l'avait chargé de me l'enseigner. J'allais tous les jours chez lui pendant l'entre-classe, et là, dans son cabinet donnant par une porte vitrée sur la salle commune où une trentaine de morveux criaient, se querellaient, se battaient en mastiquant leur provende, nous passions deux heures ensemble, aux prises avec le rudiment et l'épitomé.

Grâce à nos zèles réunis, je fus bientôt en état de faire une version presque pure de contre-sens, un thème discrètement lardé de barbarismes. J'analysais assez bien, mais, soit défaut d'application, soit manque de mémoire, je ne me tirais pas toujours aussi honorablement des leçons. On traita d'abord ce détail avec indulgence. Bonté perdue, ma paresse seule en profita, et peu à peu le mal empira à tel point que mon maître crut devoir en aviser l'autorité paternelle. D'où l'adoption de certaines mesures disciplinaires. Chaque récitation défectueuse me valut un jour de consigne. Je le passais, ce maudit jour, enfermé dans ma chambre, sans autre société que mes livres de classe, sans autre nourriture que du pain et de l'eau. C'était souverainement ennuyeux; aussi me remis-je bien vite, et avec plus de succès, à l'étude.

Il arriva néanmoins qu'un samedi matin, après m'être oublié la veille à jouer plus tard que de coutume, l'heure de l'école vint sans que je susse un traître mot de ma leçon. J'allais en prendre

L'École buissonnière. 9

philosophiquement mon parti : — La vie est longue, me disais-je, qu'importe un dimanche de plus ou de moins ? — lorsque j'appris, au moment où, grammaires et dictionnaires sous le bras, je partais pour me rendre chez mon maître, une nouvelle terrible. On devait aller le lendemain à la foire, manger sur l'herbe, monter sur les chevaux de bois et assister à une parade de saltimbanques. Quelle partie j'allais manquer ! Le pâté de gibier, le cidre doux, les châtaignes, le cirque tournant et son orgue de Barbarie, Pierrot, Colombine, les Paillasses repassèrent si séduisants dans mon souvenir que je résolus de tout tenter pour échapper à la punition.

Demander pardon, impossible ; à force de recourir à ce moyen, je l'avais absolument discrédité. Rattraper le temps perdu, chimère ! l'heure sonnait. — « Va-t'en ! va-t'en donc ! » criait une voix grondeuse. Hélas ! me voilà dans la rue, bien penaud. J'y marchais lentement, sans autre espoir que de retarder de cinq ou six minutes l'épreuve inévitable, quand une idée aussi diabolique que lumineuse me traversa la tête : Si j'esquivais l'école !... Pas d'école, pas de récitation ; pas de récitation, pas de bulletin, et je vais demain à la foire.

Restait une difficulté. Comment employer le

temps? Vaguer par le pays, j'eusse été bientôt aperçu, dénoncé. Toute réflexion faite, mieux valait me cacher; mais où? Les bois étaient loin, des pluies récentes avaient inondé les trous et les fossés. La vue de trois meules groupées à l'écart, au fond d'une impasse qu'obstruaient des enchevêtrements de ronces et d'orties, vint à propos me tirer de peine. — Voilà ton affaire, — me dis-je, et tournant brusquement le coin de la rue, je me glissai, entre les broussailles, jusqu'aux meules. Non seulement leurs panses saillantes, et se touchant presque, formaient comme un repaire absolument impénétrable aux regards des passants, — à supposer des passants, — mais une sorte de niche, très étroite, très sombre, s'ouvrant au pied d'une d'elles, me parut tellement introuvable que je m'y fourrai aussitôt et m'y blottis comme un lièvre.

Après m'être impudemment félicité du succès de mon stratagème, je sentis peu à peu ma joie se mélanger d'une crainte, vague d'abord, puis sérieuse, puis poignante. L'instituteur, lassé de m'attendre, ne concevrait-il pas l'infernale idée d'aller à la maison s'informer du motif de mon absence? Toute la fraude se découvrait alors, et quelle expiation! Rien que d'y penser, je tremblais. Les offices, où la piété maternelle me conduisait les dimanches et les jours de fête, m'avaient donné quelque connaissance des cérémonies religieuses. Je savais notamment baptiser les chats et jouer à la procession. Je crus bon d'en profiter pour me rendre le ciel favorable, et ayant tiré un eustache de ma poche, je me mis à tailler, avec des fétus de paille, quatre ou cinq petites croix qui, plantées ensuite dans la tranche d'un dictionnaire, me firent comme un autel devant lequel je me prosternai avec dévotion. C'était aussi grotesque que touchant. — « Mon Dieu, » marmottais-je, les yeux baissés, « faites, je vous en conjure, que le maître d'école n'aille pas à la maison et que mes parents ignorent mon escapade. Faites surtout qu'on m'emmène demain à la foire! » Ces naïves supplications se renouvelèrent bien dix ou douze fois en deux heures. Comme le temps me parut long!

Enfin la grosse cloche de l'église rappela les enfants à l'école. Elle sonnait aussi ma délivrance. Je m'apprêtais à sortir de ma cachette lorsque, complication nouvelle, qu'aperçois-je dehors, dans les orties!... Un chien énorme, au poil hérissé, à la gueule ouverte, à l'œil sanglant. J'avais à peine fait deux pas qu'il s'élançait vers moi en aboyant avec rage. Glacé d'effroi, je rentrai bien vite dans mon trou et m'y barricadai de mon mieux avec des bottes de paille. Mais j'avais beau lui crier Va-t'en, et faire mine de lui jeter mes livres, l'affreux animal ne semblait que plus acharné contre moi. Ses hurlements vont me trahir, pensais-je, et me faire perdre le bénéfice de ma ruse. Le principal danger n'était cependant pas là, — à qui jamais fût venue la fantaisie de s'aventurer dans cette impasse ! — mais le temps s'écoulait, et chaque minute de retard risquait d'inquiéter mes parents habitués à me voir rentrer aux premiers coups de cloche.

J'espérais que ma patience finirait par lasser l'assiégeant. Effectivement, après avoir bien jappé, il s'éloigna de quelques pas et se coucha comme s'il voulait dormir ; mais, au premier mouvement que je fis pour me sauver, plus prompt que l'éclair, il s'élança de nouveau sur moi. Force me fut de rentrer. Dix fois, vingt fois, je tentai les mêmes sorties. Elles n'eurent pas plus de succès.

Un autre genre de supplice, mais plus cruel encore, vint bientôt aggraver la situation. Nous déjeunions de très bonne heure, aussi n'était-ce jamais sans avidité qu'au retour de l'école je croquais, à titre de goûter, les excellentes tartines de beurre ou de confitures préparées à mon intention. On sait de quel appétit sont doués les enfants. Or, malgré le danger, mon estomac, d'abord quelque peu contracté, eut bien vite retrouvé toutes ses exigences. Je commençais à en souffrir. Que n'eussé-je pas donné pour avoir entre les mains ma tartine, même sans rien dessus ! Mon sort se précisait, sort affreux, inéluctable : plus d'autre alternative que de mourir de faim ou d'être mordu, déchiré, dévoré. Rarement, depuis, je me suis vu dans une position plus critique.

J'aurais probablement fini par me trouver mal lorsqu'un son, faible et confus d'abord, puis plus rapproché et plus distinct, appela mon attention. C'était la voix de ma mère. — « Charles ! Charles ! » criait-elle d'un ton mêlé de sollicitude et d'angoisse et qui ne devait plus s'effacer de mon souvenir. Après cinquante ans, il me semble l'entendre encore. Ah ! de tous les échos de cette voix adorée, triste ou gaie, tendre ou sévère, celui-là vibre encore le plus délicieusement dans mon cœur : « Charles ! Charles ! — Me voilà. — Où ? — Dans la meule. — Viens, alors. — Je ne peux pas. Le chien... » J'entendis un bruit de pierres qu'on jetait, et bientôt le chien intimidé prit la fuite. Puis je vis apparaître ma mère, puis mon père, puis le jardinier.

Point n'est besoin de dire les transports de la chère maman. Elle ne pouvait se lasser de m'embrasser. Mon père se montra moins prodigue de caresses. — « Pourquoi n'es-tu pas allé à l'école ? »

fit-il d'un ton sec. Traité avec plus de douceur, j'aurais sans doute avoué. Sa sévérité m'effraya, et pour la désarmer j'appelai le mensonge à l'aide. — « Le chien m'en a empêché; il s'est élancé sur moi, et je n'ai pu lui échapper qu'en me fourrant dans la meule. » Puis, pour me rendre encore plus digne d'intérêt, j'ajoutai : — « Il m'a mordu. — Il t'a mordu? Où t'a-t-il mordu? » L'importance qu'on semblait attacher à ce fait ne fit qu'augmenter ma frayeur. — « Là, mais très légèrement, » répondis-je en désignant un endroit où bien des enfants expient leurs premières fautes, mais qui chez moi avait toujours été respecté. C'était, je l'espérais du moins, conjurer un examen malencontreux.

Hélas! aussitôt rentrés : — « Voyons! » Force fut bien de m'exécuter. A quelle correction ne m'attendais-je pas pour prix d'une si audacieuse imposture! Mais, admirez la chance providentielle, ma position forcée et prolongée dans la niche m'avait çà et là un tant soit peu meurtri l'épiderme. L'œil le plus soupçonneux pouvait aisément s'y tromper. — « Rhabille-toi, » continua brusquement mon père, « prends ton goûter et suis-moi. » Puis s'étant armé de son fusil de chasse, il se dirigea vers la ferme.

Nous y trouvâmes mon ennemi blotti sous un

hangar. Le garçon d'écurie l'avait déjà corrigé. Notre présence, la vue du fusil l'intimidèrent plus encore. — « S'il refuse de manger, » dit mon père, « c'est qu'il est enragé ; s'il est enragé, je le tue. Qu'on lui donne à manger! » Le valet disparut quelques instants et revint bientôt traînant une grande sébile dans laquelle se voyait un restant, dur et moisi, de vieille pâtée. Il l'offrit au chien. L'animal se souleva, flaira la dégoûtante pitance, mais se garda bien d'y toucher. Le justicier épaulait son fusil.

J'atteste que, malgré tous les vilains défauts dont je viens de faire l'étalage, mon cœur n'était pas mauvais. Aussi me sentis-je affligé jusqu'à la désolation en songeant que mes menteries allaient causer la mort d'un chien, d'un brave chien peut-être, qui ne m'avait en définitive fait aucun mal, et dont l'hostilité n'était rien moins que légitime, puisque, suivant toute apparence, la niche usurpée par moi dans la meule lui appartenait.

Débordant de honte et de pitié, j'eus un instant l'envie de confesser mon funeste mensonge. Mais après un pareil aveu, est-ce que personne aurait plus jamais voulu me croire? Le fusil faisait déjà crac... Dans cet instant suprême, il me vint, — je l'ai toujours du moins supposé depuis, — une inspiration du ciel. Ma tartine, cette délicieuse tartine, soigneusement beurrée, bien saupoudrée de sel blanc, que j'avais si longtemps désirée et dans laquelle, malgré un violent appétit, je n'avais, trop consterné pour la manger à l'aise, mordu que quelques bouchées, peut-être mon pauvre chien la trouverait-il plus à son goût que la pâtée. Je la lui jette vivement, il la happe, il l'avale, et Dieu merci, le voilà sauvé!

On me donna une autre tartine, et le lendemain j'eus la satisfaction d'accompagner mes parents à la foire; mais, malgré l'apparente impunité, j'avais, de fait, si cruellement expié ma faute, que jamais, jamais depuis, l'envie ne m'est revenue de faire l'école buissonnière.

II

L'ENTRÉE AU COLLÈGE.

On ne peut certainement pas avoir plus que moi aimé sa mère, en avoir été plus aimé. Ce fut, surtout pendant mon enfance maladive, comme une adoration mutuelle. Nous ne nous quittions pas d'une minute. Aussi, quel coup terrible pour tous les deux lorsqu'un soir, après dîner, le chef de la famille annonça que, attendu mes dix ans sonnés et l'insuffisance de l'école où, sous couleur de latin, on m'apprenait un ridicule jargon, il avait résolu de me conduire à Paris et de m'y mettre dans un collège. Je vois encore d'ici cette pauvre maman toute pâle, et moi consterné à tel point qu'une séparation si cruelle me parut d'abord impraticable. Il y fallut pourtant bientôt croire ; on prenait des dispositions, j'emporterais tel objet, je laisserais tel autre de mon petit trousseau d'enfant. Même le jour du départ ne tarda pas à être fixé.

Moins d'un mois nous en séparait. Au lieu d'en profiter et de jouir de mon reste, je le passai tout entier à me désoler. Plus que jamais attaché aux pas de l'enchanteresse, je faisais, en la regardant, en l'écoutant, provision de souvenirs et de regrets. Sa voix me semblait cent fois plus douce, ses regards cent fois plus tendres qu'auparavant. En aucune circonstance elle ne m'avait paru si noble, si belle, si bonne, si parfaitement digne d'idolâtrie. Aussi, vingt fois par heure, sans motif, sans explication, me jetais-je dans ses bras et la couvrais-je de baisers.

Loin de s'apitoyer sur mon sort, mes cousins qui, moins jeunes de quelques années, m'avaient précédé au collège, se plaisaient à me peindre sous les plus sombres couleurs la sévérité des maîtres qu'ils qualifiaient irrespectueusement de *pions,* la malignité des camarades, le formidable appareil des retenues, des pensums et autres corrections scolaires. N'était-ce donc pas assez pour moi du chagrin, sans qu'ils y ajoutassent l'effroi !

Le « pouvoir exécutif », à qui rien n'échappait de mes transes, imagina, pour les distraire, de semer, comme on dit, de fleurs le chemin de l'exil. Il fut donc résolu qu'au lieu de prendre la vulgaire diligence, nous irions à Paris par le bateau à vapeur, mode de transport tout récemment in-

L'Entrée au collège.

stitué sur la haute Seine et dont chacun vantait l'agrément.

On embarquait à Melun. Toute la famille m'y accompagna en char-à-bancs découvert. C'était le matin de très bonne heure, au lever du soleil. Il faisait un temps délicieux. Mon frère et ma sœur, plus jeunes, s'évertuaient à m'égayer, l'un me faisant remarquer des oiseaux dans les arbres, l'autre des voyageurs sur la route; mais je n'avais d'yeux, de pensées que pour la chérie. Navrés tous deux, la main dans la main, nous comptions aux battements de nos cœurs les précieuses minutes dont la fuite rapide nous rapprochait du fatal instant des adieux. Mémorable détail, elle portait une robe blanche à raies roses, et ne pouvant, trop serrés que nous étions, l'embrasser librement comme d'habitude, c'est sur sa robe que mes lèvres, un peu confuses d'une telle ardeur, posaient leurs furtifs baisers.

Arrivés sur le port, on apprit que le bateau ne partirait pas, sa machine étant brisée. J'en conçus quelque espoir. Ajournée peut-être la séparation ! Mais un coche parut bientôt. C'était un gentil bâtiment, peint d'une belle couleur émeraude, et qui devait, assura-t-on, nous déposer, sans faute, le soir même, à Paris. L'autorité décida que nous en profiterions. Ma plume se sent impuissante à décrire les adieux suprêmes. Vingt fois arraché des bras de ma pauvre mère, vingt fois je m'échappai pour revenir m'y précipiter, l'accablant de caresses, la baignant de larmes. Cependant la cloche appelait bruyamment les passagers sur le bateau qui s'apprêtait à partir. On m'y porta presque évanoui. La passerelle fut levée et, quand je rouvris les yeux, la moitié du fleuve, — un abîme, — me séparait déjà du rivage. N'importe, le croirait-on! j'eus un instant l'envie de m'y précipiter; mais, ferme, le papa tenait ma main serrée dans la sienne, tandis que d'une voix attendrie il essayait de me consoler : — « Ne pleure pas, sois homme, tu la reverras, elle doit venir nous rejoindre dimanche à Paris. Tiens, regarde, voilà qu'on prépare des filets, on va pêcher. » Hélas! je n'avais d'attention que pour la robe à raies roses restée sur le bord, et dont les bras tendus vers moi s'ouvraient par instants comme pour m'embrasser. Mes yeux, pour rien au monde, ne s'en seraient détachés, et longtemps après qu'effacée par la brume et la distance elle avait cessé d'être visible, mon cœur la voyait encore.

Que dirai-je du voyage? Ni la nouveauté du chemin, ni les manœuvres des bateliers, ni la variété des perspectives ne purent dissiper ma tristesse. La vue splendide de Paris avec ses flèches, ses tours, ses coupoles, ses quais, ses ponts, sa mouvante foule, me causa plus d'appréhension que d'étonnement. J'avais presque peur. Nous fîmes en fiacre le trajet du débarcadère à la rue Saint-Jacques, et à l'heure où commencent, soit l'hiver autour du feu, soit l'été sous de frais ombrages, les douces soirées de famille, la porte du collège retombait en grinçant sur le petit prisonnier.

Un domestique de mauvaise mine me conduisit dans une vilaine salle où quelques enfants de mon âge étaient réunis sous la surveillance d'un maître à figure blême cerclée d'un gros collier de barbe noire. — « Faut vous asseoir, » fit cet homme en me désignant un banc. J'y étais à peine placé que, frappant dans ses mains et criant d'une voix nasillarde « debout! », il nous faisait lever tous. On marmotta en chantonnant quelques mots de prière, et nous passâmes au dortoir. Inscrit depuis plusieurs jours, j'étais déjà numéroté, classé; le garçon m'indiqua mon lit.

Deux matelas étroits, bossués, durs, certainement moins garnis de laine que bourrés de cailloux, et recouverts de draps humides, tel était ce lit. Je le considérais d'un œil morne, songeant aux douceurs de la couchette que j'avais quittée le matin, aux rideaux blancs, à l'édredon moelleux, à l'oreiller festonné, au couvre-pied de soie délicatement piqué par ma mère, et qu'elle venait border tous les soirs en m'embrassant une infinité de fois, lorsque le maître me dit durement : — « Faut vous coucher. »

J'obéis, mais aussitôt sous les couvertures, je me remis à pleurer en songeant à l'interruption si soudaine et si absolue de mon heureuse vie d'enfance. Les lamentables adieux du matin revinrent principalement à mon souvenir : le départ de la maison, l'embarquement, le coche s'éloignant de la rive, l'eau profonde, fatale, l'espèce de vertige qui faillit... — Vertige? repris-je mentalement, non, oh! non, ce n'était pas vertige, c'était plutôt inspiration du ciel. Brute, imbécile, qui ne l'ai pas compris! — Et le regret s'ajoutant au chagrin, je me mis à sangloter si fort que l'homme au collier de barbe noire s'approcha de mon lit et cria d'un ton menaçant : — « Faut dormir. »

Après une nuit mélangée d'insomnie et de cauchemars, je fus réveillé en sursaut par un bruit aigu, strident, terrifiant. Je me demandais tout tremblant quelle pouvait en être la cause lorsque le même homme me dit du même ton menaçant : — « Faut se lever au premier coup de cloche. » Quel réveil, comparé à ceux de la maison : le gai soleil illuminant la fenêtre et caressant mes ri-

L'Entrée au collège.

deaux, les moutons bêlant dans la cour de la ferme, les moineaux gazouillant par les cytises et les lilas en fleur, la voix de maman chantant au piano !

Quand il s'agit de m'habiller, grande et pénible fut ma surprise de ne plus trouver mon petit costume d'enfant laissé la veille au pied de mon lit. On l'avait remplacé par des habits d'uniforme. L'usage m'en étant absolument inconnu, je m'y pris si mal pour les mettre que le garçon dut, par pitié, venir à mon aide. Ce ne fut pas une petite besogne. En prévision d'une croissance rapide, on m'avait donné des bas deux fois trop grands ; ils n'entrèrent dans les souliers qu'après de violents efforts. Le pantalon, monté, par en haut, jusqu'aux aisselles, traînait, par l'autre bout, sur mes talons. Le gilet produisait l'effet d'une veste, l'habit celui d'une robe de chambre.

Ainsi fagoté, je passai deux mortelles heures assis dans la salle d'étude, sans livres, sans travail, sans autre distraction que la contemplation de mes gros boutons de métal dont les fleurs de lis brillaient sur le drap sombre. Nouveaux aussi, mes petits camarades, fort peu nombreux, du reste, avaient, comme moi sans doute, leurs chagrins, leurs regrets, leurs inquiétudes. Ils ne me regardaient pas plus que je n'avais moi-même envie de les regarder. C'était d'un triste !

On distribuait les morceaux de pain sec, menu complet de notre déjeuner, quand un employé vint m'appeler et me conduisit au parloir. J'y trouvai mon père. Il parut satisfait de mon uniforme. — « Peste ! comme te voilà beau ! » dit-il. « Si ta maman te voyait ! » Puis, rapidement, comme frappé d'une idée subite : — « Il faut que nous lui fassions une surprise. Je ne t'avais mis au collège un peu avant la rentrée que pour t'en faciliter les commencements. Mais, toute réflexion faite, tu n'es pas plus bête que les autres et tu sauras bien, j'espère, te débrouiller aussi facilement qu'eux. Voyons ! il nous reste encore deux jours de vacances, je te remmène et nous allons les passer à la maison. Ce plan-là te convient-il ? »

S'il me convenait ! Autant demander à la carpe si l'eau lui plaît, au pigeon s'il aime le colombier. C'était le ciel qui se rouvrait pour moi. Je me sentais comme fou. Le proviseur sollicité consent à me signer un exéat, je prends mon chapeau, formidable tromblon qui alors nous tenait lieu de képi, et nous courons à la diligence. En route, le nouveau collégien, du ton le plus insinuant : — Est-ce que nous reviendrons, comme hier, en bateau ? — Si cela t'amuse, » fit mon père qui, très heureux lui-même à me voir content, n'eût trouvé le courage de me rien refuser. Ah ! pour le coup, me voilà sauvé, pensai-je. L'occasion, si sottement manquée hier, je ne la laisserai pas échapper après-demain. Aussitôt le bateau parti, je me jette à l'eau, et comme je ne sais pas nager, je me débats, je disparais, on plonge à mon secours, on me repêche et me rend évanoui, demi-mort, aux bras maternels. Après un tel acte de désespoir, quel cœur serait assez dur pour essayer encore de nous séparer! On me reprend, on me donne coûte que coûte un précepteur, et plus jamais, plus jamais, je ne quitte la maison.

L'avenir ainsi dégagé, mon bonheur ne connut plus de bornes. J'embrassai délicieusement ma mère non moins enchantée que moi. Je promenai fièrement mon uniforme dans le pays, où les gamins ne savaient qu'admirer le plus, des larges pans de mon frac, de ses boutons dorés ou de mon hyperbolique coiffure. Serrant enfin dans un tiroir ces atours brillants, mais incommodes à porter, je repris, plus heureux qu'un roi détrôné à qui on rendrait sa couronne, ma petite blouse de coutil gris et mon agreste chapeau de paille.

Ce que c'est que de nous, et combien, non seulement les circonstances, mais les simples fluctuations, ô pauvre nature humaine! se jouent de nos projets les mieux arrêtés, bouleversent nos plans les plus habilement conçus! Il pleuvait à verse le jour du départ; enfoncée la navigation d'agrément, coulé le plongeon romanesque! Ma mère avait affaire à Paris; nous nous y rendîmes tous en voiture, et ma rentrée au collège, de jour, sans adieux solennels, en même temps que la masse des élèves, avec mes poches remplies de billes, et la certitude de voir, à toutes les récréations, pendant au moins une semaine, — un siècle à cet âge, — la chère maman au parloir, s'effectua dans des conditions telles, que, loin de me lamenter, je faisais, le soir même, auprès de mes compagnons d'infortune, œuvre de consolateur.

III

LOUIS-PHILIPPE.

Instrument terminé à chacun de ses bouts par une bête, — ainsi beaucoup de gens définissent la ligne à pêcher. Mon père était du nombre, il se plaisait même souvent à ajouter : — « De toutes les occupations sociales, la plus voisine du désœuvrement, la plus initiatrice de la paresse, la plus foncièrement abrutissante, c'est la pêche à la ligne. » Puis, en manière de conclusion : — « Mieux vaut, » disait-il, passablement voltairien à ses heures, « traduire en vers l'Ecclésiaste, souffler des bulles de savon, jouer même au loto, que de pêcher à la ligne. » Mes cousins professaient une opinion tout opposée. Il n'y avait pas, à les entendre, plus saine et plus utile distraction ; la pêche à la ligne exerçait à la patience, calmait les trop vives ardeurs du sang, portait à la philosophie et fournissait de succulentes fritures. Joignant l'exemple au précepte, chaque matin, depuis le premier jusqu'au dernier jour des vacances, ils partaient pour la rivière, munis de leurs ustensiles, le pied léger, l'air joyeux, et ne rentraient qu'à nuit close, le plus souvent chargés de riches proies : goujons, brochets, anguilles.

Aux prises avec ces avis contradictoires et voulant savoir à quoi m'en tenir, je résolus d'étudier expérimentalement la question. Seulement, pour éviter, d'une part, la réprobation paternelle et, de l'autre, en cas d'insuccès, les railleries de mes cousins, je procédai occultement. Je possédais depuis longtemps, à l'insu de tous, une manière de ligne. Le jour choisi pour l'essai, je la glissai au fond de ma poche, et, mon bâton de houx à la main, mon livre en train sous le bras, — *Quentin Durward*, — je sortis aussitôt déjeuner. — « Où vas-tu donc ainsi équipé ? » me demanda mon père. — « Lire du Walter Scott dans les bois de Rosay. » Et pour mettre en apparence l'action d'accord avec les paroles, je côtoyai la Pierre-Bavarde, enfilai le sentier de Saint-Médard et marchai résolument dans la direction du but annoncé; mais, parvenu à la hauteur de la fontaine Claudin, que cache un petit massif de bouleaux, je fis volte-face, traversai les grands prés du Brandoir et gagnai la rivière en amont du pont des Seigneurs.

Le lieu est peu fréquenté. De menues broussailles mêlées de ronces en rendent l'accès difficile. Un marécage l'isole. Je m'y assieds dans les hautes herbes et place auprès de moi, d'un côté mon livre ouvert au hasard pour donner le change en cas de surprise, de l'autre un vieux *Constitutionnel* destiné à recevoir le fruit de ma pêche. J'ai eu soin de couper, chemin faisant, une baguette de coudrier, je l'effeuille, j'y attache ma ligne, et bientôt l'hameçon, garni d'un insecte pour appât, plonge dans l'eau dormante parmi des touffes de roseaux et de nénuphars. Il n'attendit pas longtemps sa proie; deux minutes à peine s'étaient écoulées qu'un poisson s'y laissait prendre. Ce n'était, à vrai dire, qu'un très modeste goujon, tout au plus gros comme le petit doigt; mais il y a commencement à tout, et quel espoir permis après un si prompt début! Je me vois déjà en idée retournant à la maison chargé de magnifiques brochets; mes cousins, pour dissimuler leur jalousie, les admirent, la cuisinière les accommode au bleu, mon père s'en régale et, désarmé par une bonne digestion, pardonne au pêcheur.

Mais ce ne fut, hélas! à partir de ce moment, qu'une kyrielle de mécomptes. D'abord, je manœuvrais mon instrument avec tant de maladresse qu'il s'embarrassa plusieurs fois. Force me fut, pour le dégager, tantôt de grimper après les arbres, tantôt de pénétrer dans les ronces; d'où maint accroc, mainte déchirure. Je perdis un temps infini à de fastidieux raccommodages. Qu'étaient cependant ces ennuis, à les comparer aux prétendus enchantements du métier! L'un d'eux, le repos, le doux repos, ne tarda pas à se changer en supplice. Rien de fatigant comme l'immobilité. Les factionnaires le savent et de reste. Je m'y appliquais avec un zèle de néophyte et en supportais courageusement la torture lorsqu'il me sembla qu'on m'appliquait un fer rouge sur la nuque. J'y porte la main, c'était un commencement ou, comme disent les médecins, un prodrome d'insolation. J'émigre à l'ombre d'un chêne. Autre mésaventure : j'ai, par mégarde, en le déplaçant, posé mon livre sur le trou d'un guêpier. Les mouches, empêchées de rentrer chez elles, s'ameutent, m'assiègent, me menacent. L'une des plus osées me plante son dard au beau milieu du front. Pour leur rendre libre le passage qu'elles réclament avec des arguments si puissants, j'écarte du pied mon volume qui, trop brusquement poussé, glisse le long de la berge et fait le plongeon dans la rivière. Adieu *Quentin Durward !* adieu l'intéressant compagnon. Impossible de le ravoir : six pieds d'eau sur fond vaseux. Et comble d'avanie, après trois heures d'affût, rien que ce vil goujon !

J'allais battre en retraite, quand une voix, s'élevant à l'improviste : — « Eh bien, mon enfant, a-t-elle été bonne votre pêche? » Je me retourne. C'était un gros monsieur à large face rubiconde, entourée d'épais favoris et coiffée d'un chapeau tromblon. Il avait l'air bonhomme. A la vue de mon unique goujon déjà sec sur son grand journal, un sourire équivoque effleura ses lèvres, et d'un ton moitié dolent, moitié railleur : — « Meilleure chance la prochaine fois, » ajouta-t-il. Penaud, confus jusqu'à l'humiliation, je cherchais des paroles à la fois polies et fières pour expliquer d'abord un insuccès si commun à tous les débuts, et pour me disculper ensuite d'un goût dont les appréciations paternelles,—goût de fainéant, de bête, d'idiot, — m'avaient prémuni jusqu'alors; mais peu exercé à la riposte, j'y mis un temps relativement long, et à peine ouvrais-je la bouche que mon interlocuteur avait disparu dans un taillis de châtaigniers.

La courbature, l'insolation, la piqûre de guêpe, la perte de mon livre, l'ennui, le fiasco avaient déjà tant soit peu calmé mes velléités pisciceptologiques, le gros monsieur acheva de m'en dégoûter. Ce fut la goutte d'eau qui fait déborder le vase. Arrachant ma ligne avec dépit, je la jetai dans la rivière et jurai sur ses mânes de ne plus jamais, au grand jamais, pêcher de la sorte. Ma capture suivit le même chemin. Pauvre goujon, si frétillant, si heureux tout à l'heure, une telle mort, et sans profit pour personne! Se figure-t-on bien, en effet, le supplice de l'hameçon, ce fer aigu et crochu, déchirant gosier, estomac, viscères? Question de haute humanité, ce me semble, et digne, entre tant d'autres, d'intéresser les sociétés vouées à la protection des animaux.

Tant de désagréables incidents m'avaient rempli de tristesse. Pour y faire diversion, au lieu de revenir par le droit chemin, je pris un des plus longs, celui qui côtoie la rivière. C'était ma promenade préférée. Que de fois ne m'y suis-je pas attardé, rêvant amour, gloire, bonheur! Puis, tous sites charmants. D'abord, au delà du pont des Seigneurs, l'eau large, profonde, noirâtre, ombragée par des peupliers d'Italie. On s'y baigne, on y peut nager. Le lit se rétrécit vers le pré Fontaine; il est couvert de roseaux et de myosotis où voltigent par milliers abeilles, papillons, libellules. Quelques mètres au-dessous, l'eau court en nappe limpide et bruissante sur un bas-fond de cailloux semé de curieux coquillages

Louis-Philippe. 33

On y abreuve les bestiaux, et ce sont là, du matin au soir, des scènes pastorales dignes d'inspirer un Brascassat, un Troyon. Puis reparaissent les roseaux mêlés de beccabungas, de nénuphars blancs et de ces jolis joncs aux fleurs lilas, nommés butomes par les savants.

Voici, bordée de vieux têtards aux racines dénudées, la berge réputée pour l'abondance et la qualité de ses écrevisses. A deux personnes, il suffit d'une truble et d'une demi-heure de barbotement pour en pêcher des buissons. Les grands bois, les grands bois sourds de Victor Hugo, viennent après, se recourbant en berceau sur l'éclatant miroir de la rivière que traversent, dans la journée les martins-pêcheurs, le soir les phalènes ou papillons de nuit. Ce ne sont ici que lierres : lierre grimpant, lierre terrestre. Ils tapissent le sol, ils enguirlandent les arbres. D'où le nom latin du ruisseau, *Hedera*, en français l'Yerres, le même qu'on voit, du chemin de fer, déboucher à Villeneuve-Saint-Georges, non loin de la fameuse abbaye que rappelle, à Paris, la rue des Nonnains d'Yerres.

Mais j'ai bien fait deux lieues, rebroussons, un chemin plus direct me ramènera au gîte. De nombreuses touffes d'hyèbles, vulgairement appelées sureau, en remplissent les fossés. Hyèbles, ou Yèbles, en latin *Ebulus*, est aussi le nom du village, sinon lieu de ma naissance, au moins berceau de ma jeunesse. Champeaux (*Campi alti*), Ozoüer (*Oratorium*), Villepâtour (*Villa pastorum*), nous avoisinent. On dirait que le moyen-âge a baptisé tout ce canton de la Brie. Les bois de Fou, que je traverse, n'ont point probablement une aussi lointaine origine, mais que de charmantes scènes ils laisseront dans mon souvenir! C'est là que nous allons, au renouveau, cueillir en famille le muguet, manger les fraises et moissonner les clairins, sorte de narcisse dont l'éclatante couleur d'or rachète l'absence de parfum. C'est là que plus tard, les soirs d'été, sous le dôme obscur du feuillage, égarés, la main dans la main... Quarante années de voyage, d'art et de poésie ne m'ont rien donné de meilleur.

J'étais à peine rentré à la maison, qu'un visiteur nous arrive : le maire de la commune voisine. — « Grande nouvelle! » s'écrie-t-il, « je viens de déjeuner avec Sa Majesté. — Quelle Majesté? — Le roi, parbleu! le roi Louis-Philippe en chair et en os. Mais si nous nous asseyions! C'est toute une histoire. Je flânais ce matin, suivant mon habitude, dans la grand'rue, avec ma pipe et mes sabots, lorsque clic! clac! passent deux chaises de poste. Arrivées au coin Musard, elles s'arrêtent pour changer de chevaux. Un particulier en descend. — Où peut-on voir monsieur le maire? fait-il en me saluant. — Vous lui parlez à lui-même. — Le roi a deux mots à vous dire. Je cours aux voitures. Un gros monsieur, l'air assez commun, et guère mieux vêtu que nous le dimanche, se penche en dehors d'une des portières et me fait signe d'approcher. — Nous sommes ici dedans, me dit-il, une famille de bons bourgeois qui avons envie de manger sur l'herbe. Connaîtriez-vous, près de ce village, et pas trop loin de la route, un endroit solitaire, ombragé par de grands arbres et rafraîchi par un ruisseau ? — Parfaitement, sire. — Alors, montrez-nous-en le chemin... » J'éteins ma pipe, on me fait monter avec mes vilains sabots, et nous voilà partis.

« J'installai l'auguste famille, — car ils étaient sept ou huit, sans compter les valets, — auprès du pont des Seigneurs, entre la route et le moulin de la Pierre-Blanche. Le site plut, on y mit des nappes sur l'herbe, étala quantité de provisions telles que pâté, jambon, poulets froids. Le roi seul avait un pliant. Les autres mangeaient couchés ou assis à la turque. Moi, je restai debout par respect. Ne fallait-il pas, d'ailleurs, surveiller une poignée de gamins qui, après avoir escorté les voitures en criant Vive le roi, s'étaient rangés en cercle autour de nous? Oh! les méchants gamins! que de peine pour les tenir à distance! Croiriez-vous que je dus en venir aux taloches pour les empêcher de suivre le roi dans certaine excursion que Sa Majesté voulut faire seule et sans témoins au bord de la rivière! »

Au bord de la rivière, tout près du pont des Seigneurs, pendant que je pêchais, les singuliers rapprochements! Je me fais dépeindre le roi. Ventripotent, favoris épais et noirs, chapeau à larges bords, façon Bolivar. Exactement le portrait de mon gros monsieur. Une soudaine envie me prit de m'écrier : Moi aussi, je l'ai vu; bien mieux que cela, il m'a parlé, il m'a appelé Mon enfant! — Mais comment expliquer ensuite ma présence en un endroit si éloigné du bois de Rosay, but déclaré de ma promenade? Comment surtout rapporter impunément ces paroles accusatrices: Votre pêche a-t-elle été bonne? — Force fut, à mon grand regret, de dissimuler une bonne fortune qui eût assurément fait de moi, pendant plusieurs années, le héros de la province. On n'y parlait plus que du fameux repas. C'était à qui en eût visité la place, en eût ramassé un débris, une miette. Le maire décida qu'une inscription commémorative en éterniserait le souvenir.

Il fit conséquemment peinturlurer par le vitrier de l'endroit, sur le mur fraîchement recrépi d'un clos voisin du pont des Seigneurs, quelques lignes apologétiques : « Ici, Louis-Philippe Ier, roi des Français, l'idole de son peuple, la providence des pauvres, la consolation des affligés, le Napoléon de la paix (etc., etc., toute une litanie), accompagné de son auguste famille, a daigné déjeuner sur l'herbe le.. » Je ne suis pas bien sûr de la date; c'était aux environs de 1833.

Quinze ans après, « l'idole de son peuple » fuyait chassé par l'émeute. Je fus un des derniers habitants de Paris qui le virent, le 24 février, sur la place de la Concorde. Une méchante version veut que Louis-Philippe se soit échappé des Tuileries par l'espèce de tunnel qui existe, dit-on, sous la terrasse du bord de l'eau, et que, sorti seul et tremblant par la petite porte de la place, il ait pris une voiture de louage pour traverser les Champs-Élysées. D'où l'apostrophe déjà légendaire : — Fils de saint Louis, montez en fiacre! — Rien de plus faux, ainsi que l'a toujours attesté le fidèle ami du roi-citoyen, son compagnon à cette heure périlleuse, le comte de Montalivet, ainsi que moi-même, plus modeste mais non moins véridique témoin, je puis aussi l'affirmer. Quand il fut reconnu que la révolution était victorieuse, la famille royale quitta les Tuileries dans les voitures de la Cour, lesquelles furent accompagnées, jusqu'aux portes de Paris, par une double escorte de cuirassiers et de gardes nationaux à cheval.

Je regardais, témoin curieux mais inactif, le foudroyant progrès de l'émeute. On faisait des barricades, on jetait des pierres aux soldats. Un camarade m'accoste, camarade intime, très au courant de ma vie, et connaissant, entre autres, par le menu, l'épisode du pont des Seigneurs. — « Tiens! tiens! vois donc! » dit-il en appelant mon attention sur les voitures qui longeaient au galop le quai des Tuileries, « le vieux tyran qui se sauve! » C'était Louis-Philippe, en effet. Une des portières encadrait, comme une bordure de tableau, la silhouette bien connue et bien souvent chargée de son profil. Le cortège passa devant le pont de la Concorde, enfila le cours la Reine, et disparut au rond-point de l'avenue Montaigne, emportant pour longtemps la fortune de la France. Et, se retournant vers moi, le camarade, d'un ton goguenard : — « Vive la réforme! vive la République! Crie donc vive la République! Comment, tu n'applaudirais pas à la chute du gros monsieur qui a eu sur ta vie une si malheureuse influence! — Pourquoi malheureuse? — Qui peut affirmer que sans le sarcasme dont il eut l'impolitesse de te bombarder au bord de la rivière, tu ne serais pas maintenant, au lieu d'un barbouilleur de toile et d'un griffonneur de papier, un bon et honnête pêcheur à la ligne? »

IV

LA MILLE-ÉCUS.

Obscur entre les obscurs, ce petit village d'Yèbles a, sous le règne de Louis-Philippe, brillé momentanément d'un éclat dont quelques vieux horticulteurs peuvent se souvenir encore. Là s'était retiré, dans la tranquille et modeste vie de famille, un ancien fonctionnaire de l'Empire, amateur de jardins, épris de la jacinthe et de la tulipe, courtisan du dahlia, mais particulièrement fou de la rose, un *rosomane* enfin, comme il se qualifiait volontiers lui-même. Sans autre stimulant que son goût, sans autre but que l'agréable emploi de ses loisirs, il passait, hiver comme été, son temps à planter, greffer, bouturer, marcotter, semer, — à semer surtout, car, on le sait, tandis que la marcotte, la bouture ou la greffe ne peuvent rien sur la nature des sujets, le semis seul produit des variétés nouvelles. — Or, l'ambition de notre campagnard était moins de collectionner que de créer. Non content de posséder les roses de tout le monde, il en voulait qui n'appartinssent qu'à lui seul.

Ses jours passaient ignorés au milieu de gains non moins ignorés et dont lui-même était loin de soupçonner la valeur, quand un connaisseur fameux, Pirolle, rédacteur des *Annales de la Société d'Agronomie pratique,* ayant perdu sa route en revenant de présider je ne sais quel comice, vint à traverser le pays. Les suaves parfums qu'exhale un enclos frappent son odorat. Pressentant le voisinage de jardins dignes de ses descriptions, il saute de voiture, lorgne, flaire, va, vient, revient, tourne autour des murs, découvre enfin la porte, la franchit avec l'audace d'un conquérant et demande à parler au maître. Notre rosomane comparaît, et, supplié par l'intrus, consent à le promener dans ses plates-bandes.

Ce fut une revue mémorable. Les giroflées sont appréciées, les campanules félicitées, les géraniums complimentés ; mais devant les roses, Pirolle stupéfait, atterré, confondu : — « Artificielles, n'est-ce pas, Monsieur ? en étoffe, en cire, en papier ? Non ? Comment ! véritables ? Mais c'est prodigieux ! Il y a donc encore des sorciers ? » Ce dit, il s'approche, se baisse, examine, soupèse, ouvre son carnet, prend des notes et, d'une voix étranglée par l'émotion : — « Le trésor est vôtre, incontestablement ; mais c'est moi qui en ai découvert le gîte, et vous ne me contesterez pas le droit de m'en prévaloir. — Voudriez-vous divulguer...? — Oh! laissez faire, on ne vous pendra pas pour cela. Maintenant, veuillez m'aider. Comment appelez-vous cette petite rose grenat? et cette autre large comme une pivoine? et cette autre encore, si fièrement campée sur son pédoncule? — Je ne les ai pas baptisées. — Réparons bien vite cet oubli, ou plutôt ce manque d'égard pour des sujets de telle valeur. Avez-vous, parmi vos connaissances, quelque vieux général, bien digne, un peu ventru, à la démarche majestueuse? — Le baron Soyez. — Voici qui lui convient. Et dans vos environs, quelque noble châtelaine, au port superbe, à la carnation généreuse? — La baronne Prévost. — Nous lui donnerons cette filleule qui, je vous le prédis, ira loin et fera parler d'elle. Le nom de votre village, écrin de si admirables joyaux, mérite d'être illustré par cette éclatante fleur que nous allons conséquemment étiqueter *Carmin d'Yèbles*. Et parmi les vôtres, Monsieur, cette digne et aimable compagne, ce bon gros garçon, cette toute mignonne fillette auront bien aussi leurs roses, n'est-ce pas? Tenez, les voici précisément dans ce carré, très ressemblantes. Et pour finir, donnons à la plus étonnante, à la plus merveilleuse de toutes, un nom qui porte au bout du monde la réputation de son créateur. Elle est de la variété des noisettes. Laissez! pas de fausse modestie. Là, c'est écrit. Dans moins d'un an, tous les disciples de Flore connaîtront la *Noisette-Desprez*.

« La célébrité du jour, lisait-on quelque temps après dans les *Annales de la Société d'Agronomie pratique,* l'emporte, pour le volume et pour la profusion des pétales, sur les plus belles roses connues. Gracieusement inclinée sur un pédoncule flexible, exhalant un parfum mêlé de thé, d'ananas et de jacinthe, elle est couleur de cuivre pâle avec des nuances pourprées d'un ton extrêmement délicat. Rien de plus brillant à l'œil et de plus doux à la main que son feuillage glabre, satiné, épuisant depuis le collet jusqu'à l'extrémité des rameaux toute la riche gamme des verts. Le sujet, robuste, sarmenteux, luxuriant, obéit à tous les caprices du jardinier. On en fait indifféremment des massifs, des berceaux, des tonnelles, des palissades. Son caractère est si tranché qu'il suffit de l'avoir vû une fois pour le reconnaître partout et toujours. »

Le compte rendu de Pirolle fit événement, et l'année suivante, en effet, une foule d'amateurs vinrent à Yèbles visiter les roses. Ce fut, pour beaucoup d'entre eux, l'occasion de quelque surprise. D'aucuns s'étaient imaginé les vastes et somptueuses dépendances d'un château; d'autres, le rustique et pauvre enclos d'une chaumière. Ni ceci, ni cela. Vous descendiez de voiture devant une modeste mais confortable habitation dont le maître, vêtu il est vrai d'une blouse, chaussé même aussi parfois de sabots, mais de manières distinguées, savant comme un livre et courtois comme un gentilhomme, vous faisait personnellement les honneurs. Vous étiez d'abord promené dans un jardin d'étendue médiocre où le pois et l'artichaut côtoyaient familièrement le lis et le dahlia, mais où les vrais connaisseurs savaient bien vite apprécier certains carrés, certaines plates-bandes. L'inspection terminée, quelque besoin de repos se faisant sentir, on vous introduisait dans un frais et joli salon dont les hôtes, moitié par discrétion, moitié par timidité, avaient fui, mais où des revues, des journaux, des peintures en train, divers instruments de musique tels que piano, violon, cor d'harmonie, indiquaient des goûts fins et des loisirs dignement occupés.

Incessamment mis en lumière par les descriptions chaque jour plus explicites et plus élogieuses des *Annales*, Yèbles fut, vingt années durant, l'objectif non seulement des horticulteurs, mais des simples curieux, qui, malgré la distance et le mauvais état des chemins, y venaient de Paris, de la province, de l'étranger même, chercher, les uns des exemples, les autres des distractions. Parmi ces pèlerins d'un nouveau genre, citons le docteur Marjolin, ami du dahlia ; l'abbé Berlèze, connu pour sa collection de pensées ; le Scandinave Uterhart, sans rival pour les giroflées ; Hardy, le savant directeur des serres du Luxembourg, Alphonse Karr, Troyon, Redouté, Bohain, la comtesse Dash, Anaïs Ségalas, Roger de Beauvoir, dont les œuvres, on le sait, témoignent autant d'amour pour les fleurs que de génie pour les lettres et les beaux-arts.

Mais celui entre tous dont la visite fit le plus de bruit, ce fut un Hollandais nommé Sisley-Vandaël. Il arriva en chaise de poste, et sans même vouloir entrer au jardin : — « Monsieur », dit-il à son hôte, « j'ai loué à Paris un terrain où mon intention est de fonder une pépinière. Les commencements sont difficiles ; aussi ai-je résolu de débuter par un coup d'éclat, c'est-à-dire par l'exploitation de votre rose. Combien voulez-vous me la vendre ? — La vendre ? Mais je ne suis pas marchand. — N'importe ; il ne s'agit point ici de commerce. Thiers, Victor Hugo, Lamartine font bien éditer leurs œuvres ! Rien de déshonorant, je suppose, à les imiter. Je serai l'éditeur des vôtres. Point d'hésitation valable, prétendre plus longtemps jouir seul serait d'un égoïsme !... Et puis la gloire ! y avez-vous songé, la gloire ! — Ma foi, » reprit le rosomane à bout de résistance, « vous avez touché la corde sensible. Mon architecte m'a envoyé hier le mémoire d'une petite serre que je viens de faire construire pour l'élève des boutures; acquittez ce mémoire, et la *Noisette-Desprez* est à vous. » Le mémoire se montait à 3,000 francs, — mille écus. — Sisley les tira de sa poche, prit en échange plusieurs pieds de la rose, et, remonté dans sa voiture, ont du moins raconté les chroniqueurs, la première chose qu'il fit fut de se frotter les mains en s'écriant tout joyeux : — « Déjà 7,000 francs de gagnés ! » S'attendant à de bien autres exigences, il s'était, paraît-il, provisoirement et comme acompte, muni d'un groupe de 10,000 francs.

La nouvelle promptement répandue de ce marché fit sensation parmi les jardiniers. Elle ne causa pas moins d'émotion chez les amateurs. Nous allons donc enfin la tenir, se disaient-ils, cette merveille qu'il ne nous a, jusqu'à ce jour, été donné de voir et de flairer qu'à distance ! Car il faut bien l'avouer, le rosomane, jaloux de ses gains comme un sultan de ses odalisques, n'en offrait jamais, même aux plus grands personnages, même aux plus gracieuses dames, la moindre tige, le moindre fleuron. Un seul œil, en effet, greffé habilement, eût suffi pour déposséder l'inventeur au profit du premier intrigant venu. Et les lettres affluaient journellement chez l'éditeur, lui demandant vingt pieds, trente pieds, cent pieds de la *Mille-Écus*, sobriquet populaire dont fut dès lors affublée la reine des semis d'Yèbles, et que lui donnent encore aujourd'hui beaucoup d'horticulteurs.

Enfin, après deux ou trois ans de multiplications laborieuses, Sisley fit annoncer dans les journaux la vente au détail, à 10 francs le pied, de la *Noisette-Desprez*; mais, ô surprise! ô désappointement! plusieurs confrères la donnaient, le même jour, au prix réduit de 5 francs. Pas de doute possible, la rose avait été volée; mais quand? mais où? mais comment? mais par qui? Cette affaire passionna plus qu'on ne saurait croire. Le principal intéressé ouvrit une enquête, mettant naturellement hors de cause Yèbles, dont le maître n'avait pour auxiliaires que des paysans sachant tout au plus distinguer un œillet d'un chrysanthème, et dont les jardins clos de grands murs avaient, la nuit, pour gardiens, des chiens incapables de connivence. Quelques fleuristes de bas étage furent soupçonnés: Pierre, Paul, Jean, Chapardon, Marouflot; mais comment accuser aucun d'eux sans preuves? Ils se montraient d'ailleurs d'une susceptibilité redoutable. Pour de vagues propos, le plus infime de tous cria à la diffamation, intenta une action judiciaire et gagna si aisément son procès que nul n'osa plus même hasarder de suppositions malveillantes. On mit l'incident sur le compte d'un oubli, d'une méprise, voire d'une intervention diabolique. Les romanciers s'en emparèrent, et certain journal publia une série de feuilletons inspirés par la naissance, le mérite et les aventures de la *Mille-Écus*. La révolution de Février interrompit brusquement ces préoccupations horticoles.

Depuis un grand quart de siècle, le pauvre Sisley-Vandaël, victime du larcin qui contribua le plus, dit-on, à l'insuccès de son exploitation, a repris le chemin des polders. Pirolle n'est plus, le rosomane l'a suivi dans la tombe, les haricots et les betteraves ont remplacé, dans ses jardins, noisettes, portlands, provins, bengales; l'élégante demeure qu'ont désertée ses maîtres n'est plus qu'un corps de ferme abritant du fourrage, du blé et des bestiaux; Yèbles, qui d'elle seule tenait son éclat, est retombé dans l'obscurité; toutes les passions excitées par le grand mouvement horticole de 1840 sont éteintes, peu même des amateurs ou des praticiens qui les ont partagées vivent encore, et parmi ceux-ci, combien en est-il qui aient conservé dans leur souvenir le roman de la *Mille-Écus?* Aucun, pensais-je, aucun évidemment, lorsque, dans ces derniers temps, une affaire me conduisit chez M. Laffay, propriétaire d'une fort jolie campagne aux environs d'Alger. A peine le particulier eut-il appris mon nom que, me regardant fixement et saluant jusqu'à terre : — « Vous ? vous son fils ? » s'écria-t-il d'un ton mêlé d'admiration et de doute. La visite du Gouverneur ne l'eût pas plus ému. Il avait exercé jadis l'état de pépiniériste à Bellevue, dans la banlieue de Paris, et des livraisons de plantes l'avaient plus d'une fois mis en rapport avec Yèbles.

Nous causâmes de l'affaire pour laquelle j'étais venu. Il s'agissait de choses graves : procuration, hypothèque, enregistrement. Peu à peu cependant, mon campagnard, absorbé, présumais-je, par une idée relative au sujet de notre entretien, ralentit son débit, espaça ses mots, coupa ses phrases, en perdit le fil et tomba dans une méditation profonde. Puis, tout à coup, collant sa bouche à mon oreille, et bien bas, comme si une pareille confidence eût mis sa vie en danger : — « C'est Marouflot qui a volé la rose ! » Cette préoccupation rétrospective ne semblera pas toutefois absolument dénuée d'à-propos aux yeux des amateurs d'horticulture. Malgré les caprices de la mode, malgré l'incessante émission de variétés nouvelle, la *Noisette-Desprez* figure encore, avec sa digne émule la *Baronne Prévost*, sur nombre de catalogues. C'est mieux qu'une variété, c'est un type.

V

VICTOR HUGO.

Les collections de timbres-poste sont depuis longtemps déjà passées de mode. Elles n'ont plus guère d'amateurs que les tout jeunes écoliers; nos grands en font fi.

Théodore a seize ans. — « Théodore ! et vos timbres-poste ? — Mes timbres-poste, » répond le collégien d'un ton dédaigneux, « voilà beau temps que j'en ai fait cadeau à mon petit frère. — Et qu'est-ce que vous collectionnez maintenant ? — Des autographes. — Peste ! un goût de bibliophile. Et vous êtes déjà riche ? — Fort pauvre quant au nombre, mais pour la qualité... J'ai un Victor Hugo. — Excellent, le Victor Hugo. De qui tenez-vous ce trésor ? — De l'auteur même. L'idée m'est venue, l'année dernière, de lui écrire une belle lettre, toute pleine d'éloges, et de lui demander en retour deux mots de son illustre main. Huit jours après, je recevais ces vers, tirés, m'a-t-on dit, des *Chants du Crépuscule :*

> Aimer, c'est la moitié de croire.

Signé Victor Hugo. — Il vous connaissait donc? — Pas le moins du monde. Il n'y a pas besoin d'être connu. Joseph, vous savez, ce méchant blondin, des primaires? — Eh bien? — Pour blaguer, il a fait comme moi, et comme moi il a reçu, avec signature de l'auteur, deux vers des *Chansons des rues et des bois :*

> Je songe au mal, énigme étrange,
> Faute d'orthographe de Dieu.

Vous voyez, rien de plus facile. Seulement, il faut avoir bien soin d'affranchir la demande, et de mettre dedans un timbre pour la réponse; autrement, pas d'autographe. »

Ce petit dialogue, — exactitude garantie, — m'a rappelé une des plus vives impressions de ma jeunesse; c'était en 1835. Élève de seconde au collège Louis-le-Grand, j'avais contracté une affection des plus fâcheuses : la métromanie. Non seulement je lisais des vers, mais j'en faisais. Non content de substituer, en cachette, à l'étude obligatoire d'Homère, de Virgile, de Sophocle et de Cicéron, la lecture prohibée de Lamartine, Béranger, Musset et Victor Hugo, je commettais l'hémistiche, je perpétrais l'alexandrin à grand renfort, comme on doit bien penser, d'hiatus et de chevilles. Puis, une débauche de mots sonores, ronflants, dans le goût du jour : Jéhova, rêves d'or, ailes d'azur, cœurs de flamme; mais peu d'idées, et chaque idée sentant sa réminiscence.

Mes camarades admiraient ces rengaines et semblaient fiers de posséder un poète dans leur classe. Les maîtres montraient un enthousiasme plus calme. L'un d'eux pourtant, eh parbleu ! le sympathique Gaillardin, jeune encore alors et superbe avec son teint fleuri et sa tignasse rutilante, me prenant un jour à part, me demanda : — « Vos parents ont-ils de la fortune ? — Je le suppose, » répondis-je. — « Tiennent-ils à vous voir embrasser un état ? — Peu, que je sache. — Oh bien, alors, faites des vers ! »

Et plus que jamais, odes, idylles, rondeaux, pastorales, de grossir mon « œuvre » aux dépens du thème, de l'histoire et de la version grecque. J'ai compté par centaines les vers, ou soi-disant vers, éclos durant ma bienheureuse année de seconde. Bienheureuse en effet, car jamais, aux époques les plus ardentes et les plus libres de ma vie, je ne me suis senti plus inspiré, plus transporté, que sur le fastidieux banc d'étude où me tenait collé la discipline et me surveillait l'œil du maître.

J'apprenais alors la musique, et j'avais pour professeur de violon un jeune homme excellent, mais foncièrement original, appelé M. Ropicquet. D'un talent d'exécution très ordinaire, il était parvenu, à force d'assurance, d'audace, de « toupet », à se faire compter parmi les virtuoses de l'art contemporain. Une charge assez réussie du jeu de Paganini l'avait surtout mis en relief. Il composait, à ses moments perdus, des variations, des mélodies, des barcaroles, plutôt agréables que belles, mais qui, jouées dans les concerts par des amis complaisants, et vantées dans les magasins par des marchands intéressés, trouvaient un débit facile.

Ma famille, à qui en imposait sa vogue, le payait généreusement ; aussi étions-nous très bien ensemble. « Cher futur grand homme, » me dit-il un jour entre deux coups d'archet, « faites-moi donc les paroles d'une ballade ou d'une romance. Je la mets en musique, on la lithographie avec une image en tête, on l'édite, elle se vend, et vous passez, dès aujourd'hui, tout vif à la postérité. — Oui, mais pouvoir ! » répondis-je modestement. — « Pouvoir ? innocent ! rien de plus aisé. Vous allez voir. D'abord, le titre. Ou-

vrons ce dictionnaire au hasard. Fantôme. Bon !
Le Fantôme. Une jeune villageoise a commis, un
soir, l'imprudence d'aller seule se promener dans
les bois. Un fantôme lui est apparu au clair de la
lune. Demi-morte, elle n'a dû la vie qu'au dévouement de son parrain qui, par hasard, l'avait
suivie. Vie, suivie, déjà deux rimes. Elle raconte
sa mésaventure à ses compagnes et finit en leur
disant : Au bois, le soir, n'allez jamais ! Vers
tout fait. C'est moral au superlatif. Cela vous
vaudra des compliments, le prix Montyon. Les
jeunes filles répondent en chœur : Nous n'irons
plus au bois ! Non, non, nous n'irons plus au
bois ! Non, non, non... Vous savez, autant de
non qu'il en faut pour la ritournelle. »

Un mois après, la chose paraissait chez un marchand-éditeur du passage des Panoramas, et j'en
recevais, pour ma part de collaboration, une douzaine d'exemplaires. Je ne saurais peindre ma
joie, mon ivresse, en voyant lancé dans la grande
publicité parisienne mon nom qui jusqu'alors
n'avait figuré imprimé qu'entre ceux de mes camarades sur le banal et obscur palmarès du collège.

Mon père, qui probablement se doutait peu du
tort que ces frivoles productions causaient à mes
études classiques, parut encore plus heureux que
moi, et, comme témoignage de sa satisfaction, il

invita M. Ropicquet à venir passer avec nous une partie des vacances à la campagne. Jamais le jeune professeur ne s'était trouvé à pareille fête. Solitude confortable, verger plein de fruits, jardins couverts de fleurs, parties de cheval, de chasse, de pêche, hospitalité gracieuse.

Voulant se montrer digne d'un tel accueil et provoquer de nouvelles invitations, il ne crut pouvoir mieux faire que de persévérer dans la voie si fructueusement suivie à mon égard. — « Cher déjà grand homme, » fit-il, un autre jour que nous déchiffrions ensemble un duo de sa façon, « vous devriez montrer de vos vers à Victor Hugo. — Est-ce pour vous moquer de moi? Si fort que vous louïez mes vers, allez! je sais très bien à quoi m'en tenir. — Vous êtes trop modeste. Non pas que je prétende égaler votre génie à celui de Théocrite ou de Virgile, mais croyez-en quelqu'un qui s'y connaît, la modestie est un vice. Avec elle, le plus beau talent demeure caché, s'étiole, périt; tandis qu'un peu d'aplomb suffit à faire valoir le plus chétif mérite, le rehausse, l'améliore, le perfectionne. Si plat que soit votre hommage, Victor Hugo ne peut manquer de vous répondre. Une lettre de Victor Hugo! Quelle envie chez vos camarades, et quelle satisfaction pour votre père!

On se laisserait tenter à moins. Mais à peine l'acquiescement exprimé, mes vers, qui jusqu'alors ne m'avaient paru que médiocres, me semblèrent si détestables que je résolus d'en composer d'autres exprès pour la circonstance. Le sujet fut bientôt trouvé, la forme bientôt choisie. J'avais tant lu depuis quelques mois! Un amour malheureux. Cinq chants appelés *Nuits,* — tout se passant de nuit : exposition, péripéties, dénoûment. — Pour titre, *Luciola.* Je consacrai bien trois études et deux classes à cet important travail. Puis, quand je me fus assuré qu'aucun vers ne boitait, que les rimes jouissaient d'une richesse suffisante, que l'orthographe n'outrageait ni Boiste, ni Wailly, ni l'Académie. je calligraphiai le factum sur papier grand format, l'enveloppai, scellai de cachets rouges et le confiai aux soins du professeur de violon, lequel, dès le lendemain, m'annonçait avec emphase l'avoir remis en mains propres à Victor Hugo.

Je ne me faisais certes aucune illusion sur la valeur de mon poème; mais je comptais beaucoup sur l'indulgence habituelle du maître, sur le prestige de mon extrême jeunesse et de ma qualité d'écolier. Aussi, avec quelle impatience n'attendis-je pas la réponse! Plus d'appétit, un sommeil agité, et la fièvre toutes les fois qu'entrait dans la cour le surveillant chargé de la distribution des lettres. J'épiais d'un œil anxieux chaque pli qui, tiré trop lentement à mon gré du paquet, passait sous les verres bleus de ses lunettes, j'écoutais d'une oreille avide les noms solennellement prononcés des heureux destinataires. Mais, hélas! vain espoir, jamais le mien n'avait son tour, et chaque appel terminé, je me disais mélancoliquement : A demain !

Ce misérable état durait depuis bientôt un mois, lorsque maestro Ropicquet, compatissant à mes souffrances, me dit : — « Puisque la montagne ne veut pas venir à nous, c'est nous qui irons trouver la montagne. Il y a congé dimanche, tâchez de sortir, et je vous conduirai chez Victor Hugo. — Le connaissez-vous donc assez pour cela ? — Nous sommes amis intimes. »

Précisément, mon père se trouvait alors à Paris. Le dimanche arrivé, il vint pour me chercher au collège et s'y rencontra, peut-être pas tout à fait par hasard, avec M. Ropicquet. — « Votre fils est entre les mains de Victor Hugo, » lui dit d'un air important le professeur de violon. — « Comment cela ? » fit mon père tout ébahi. — « Oui, Monsieur, entre les mains de Victor Hugo, votre fils, ou plutôt son œuvre, un grand poème sur lequel l'illustre écrivain doit nous donner tantôt son avis. Si donc vous le permettez, notre cher élève va me suivre chez Victor Hugo. — Tout de suite? — Après déjeuner. — Eh bien, alors, déjeunez avec nous. » L'art de se faire inviter n'était pas, soit dit en passant, un des moindres talents de notre homme. On alla chez Véfour. Ce fut un repas mémorable : huîtres, filet-madère, pommard, omelette au rhum. Mon père semblait enchanté. Il n'est attentions délicates qu'il ne nous prodiguât. Puis, après le dessert, lorsque, prenant congé de lui, nous montâmes en voiture, il souhaita bonne chance aux deux frères en Apollon.

Victor Hugo demeurait à cette époque au Marais, place Royale, n° 6. Que le trajet me parut long! Nous atteignîmes enfin l'habitation du dieu, le sanctuaire. — « Victor Hugo! » demanda familièrement au portier mon introducteur. — « Il est chez lui, montez. » Nous montons un grand escalier. Premier étage; c'est là. Quelques secondes de recueillement. Et puis, drelin! drelin! Au bruit de la sonnette, la porte s'ouvre, un domestique paraît, nous invite à le suivre et nous introduit.

Je n'oublierai de ma vie le spectacle qui s'offrit alors à mes yeux. Dans une vaste pièce éclairée par de hautes fenêtres donnant sur les marronniers touffus de la place, sept ou huit convives mangeaient en devisant assis autour d'une table ronde. L'un d'eux se leva dignement à notre approche et nous fit donner des sièges. C'était, à n'en pouvoir douter, le maître. Ses portraits, comme aujourd'hui, défrayaient les vitrines des marchands de gravures, et chacun connaissait, du moins en image, son grand front magnifiquement modelé, ses cheveux abondants et longs, mais peu bouclés, retombant sur les tempes comme des oreilles de chien et formant toupet au sommet du crâne, ses yeux ardents sous leur profonde arcade, ses joues pleines, rasées, uniformément colorées, son nez vulgaire, assez laid, mais ses lèvres fines, rosées, jeunes, charmantes enfin comme des lèvres d'enfant.

Il était alors tout vêtu de noir, et le seul détail caractéristique de sa toilette consistait en une énorme cravate de soie négligemment nouée autour du cou. S'étant remis à sa place, mais le corps tourné moitié vers nous, moitié vers ses commensaux, il demanda du geste l'objet de notre visite. C'était vraiment effrayant. Je tremblais de tous mes membres et regardais d'un œil suppliant M. Ropicquet, comme pour l'encourager à prendre la parole, quand celui-ci, d'une voix assurée, la pose théâtrale, l'air souriant, s'écria : — « Grand et immortel poète, j'ai l'honneur de vous présenter un nourrisson des Muses, le jeune homme ici présent. C'est mon élève; il brûle de devenir aussi le vôtre. »

Victor Hugo, sans trop paraître étonné d'un langage auquel ses adulateurs l'avaient déjà, sans doute, depuis longtemps habitué, demanda tout simplement en quoi il pouvait m'être utile. — « Notre élève, » reprit l'artiste, « a fait, il y a deux mois, remettre entre vos mains un poème de sa composition. Il attend aujourd'hui, plein d'anxiété, comme s'il s'agissait d'un arrêt de vie ou de mort, l'opinion du maître suprême. — J'ai reçu beaucoup de poésies cette année, » répliqua Victor Hugo. Et s'adressant à moi : — « Le titre de votre poème ? — *Luciola,* Monsieur, » fis-je d'une voix éteinte. — « Je me souviens en effet; il est là-haut, dans mon cabinet. J'ai manqué de loisirs. Je le verrai et je vous rendrai réponse. »

Je m'inclinai respectueusement. — « Monsieur est votre professeur ? » reprit-il. — « Son professeur de musique, » se hâta d'ajouter M. Ropicquet, crainte, sans doute, d'être confondu avec un simple professeur d'histoire ou de latin. Le poète, grave jusque-là, se permit un léger sourire. Puis, reprenant : — « Vous portez l'uniforme d'un collège royal. Auquel appartenez-vous ? — A Louis-le-Grand. — Ce fut aussi le mien pendant plusieurs mois, et peut-être y pourrait-on encore trouver, quelque part sur une table, mon nom gravé au canif. — Comment donc ! » interrompit M. Ropicquet, moins pour hâbler, assurément, que pour me concilier par cette flatterie la mansuétude du maître, « comment donc ! mais il est trouvé, mais il existe encore ! De pareils souvenirs ne sauraient se perdre. Pour le mettre à l'abri de toute profanation, l'administration du collège l'a fait extraire de la table, et maintenant, encadré dans une riche bordure, il compte, avec les portraits à l'huile de nos lauréats universitaires, parmi les principaux ornements du parloir. »

Pendant ce dithyrambe, détail de toilette qui m'eût choqué chez tout autre, mais que je ne trouvai pas le courage de blâmer dans un si grand homme, Victor Hugo, la tête baissée, l'air profond, immense, se faisait les ongles avec la pointe de son couteau. La réplique tardant à venir, nous nous levâmes pour prendre congé. L'auteur des *Feuilles d'Automne* nous reconduisit jusqu'à l'antichambre, et là, après m'avoir renouvelé sa promesse au sujet de *Luciola,* il me prit la main et la serra cordialement.

On ne saurait imaginer combien j'étais troublé en descendant l'escalier. Chateaubriand a dit : « Il y a une vertu dans le regard d'un grand homme. » Quelle autre et plus louangeuse appréciation n'eût-il pas faite de son étreinte ! Mais M. Ropicquet, sans me donner le temps de me remettre :
— « Vous devez être content, mon gaillard. Quel accueil ! Jamais Victor Hugo, je le connais, n'a reçu personne avec autant de distinction. D'ordinaire, il est froid, taciturne, laisse ses visiteurs debout et les congédie brusquement. Vous voilà en faveur. Et puis, quels témoins ! Les avez-vous au moins regardés, les autres ? — Le fait est… — Savez-vous quel est ce jeune homme aux cheveux blonds qui mangeait des cerises à la droite du maître ? — Je ne m'en doute pas. — Alfred de Musset. — Pas possible ! — Et cet autre, aux cheveux aussi longs, mais noirs, placé en face ? — J'ignore. — Honoré de Balzac. — Celui qui a écrit la *Peau de chagrin* ? — Précisément. Et la dame qui causait avec Mme Hugo ? — Dites. — George Sand. — Ah ! mon Dieu ! Et le savoir si tard ! Comme je les aurais examinés ! »

On supposera peut-être que, de retour au collège, je me sois remis à attendre fiévreusement la réponse de Victor Hugo. Loin de là. Pouvais-je l'espérer encore après notre ridicule équipée et les flagorneries outrées du professeur de violon ? J'en fis même aisément mon deuil. J'avais vu le jeune et glorieux chef de l'école romantique, le plus grand poète de l'époque, j'avais entendu sa voix, touché sa main, que m'importait après cela son autographe ! Et combien moins encore je l'apprécierais aujourd'hui qu'il suffit d'un alinéa d'épître écolière et de deux timbres-poste de quinze centimes pour voir sa collection augmentée d'une antithèse extraite au hasard de *l'Homme qui rit,* ou de *l'Année terrible !*

Si l'on pouvait, du moins, être sûr que la main de l'auteur en eût fait les frais ! Mais, vu l'immense prodigalité de ces témoignages, je les soupçonne fort de n'être, au moins pour la plupart, que l'œuvre d'un obscur secrétaire. Ainsi pour ceux de Lamartine. Un historien de sa vie, M. Henri de Lacretelle, qui fut longtemps son ami et son commensal, raconte que c'était à lui que le chantre d'Elvire confiait le soin de répondre aux épîtres enthousiastes qui, chaque jour, pleuvaient dru comme grêle, à Paris ou à Monceaux. Un certain formulaire avait été adopté pour le style et l'esprit de ces pseudo-autographes. Ils devaient se borner à des appréciations vagues. Ne se montrer ni trop froids ni trop cordiaux. Et notamment à l'égard des poètes en herbe, éviter tout à la fois de rebuter et d'exalter la veine. Ne pas plus couper les ailes à un Apollon futur que détourner de sa voie un épicier présomptif.

Avis à nos collégiens.

VI

ROGER DE BEAUVOIR.

A une époque où, le corps épuisé par une longue maladie, je croyais ne plus avoir que peu de temps à vivre, je rassemblai dans un cadre, sous verre, les menues reliques de ma jeunesse : portraits, fleurs fanées, mèches de cheveux, autographes, et je les suspendis au pied de mon lit afin que leur chère vue adoucît l'amertume des jours suprêmes. Après m'avoir suivi plus de trente années dans mon existence nomade, ce cadre fait encore actuellement le charme de mes réveils. Il trône à la place d'honneur parmi les études, ébauches, maquettes, croquis et tableaux qui, eux aussi, témoignages aimés des pérégrinations artistiques, couvrent jusqu'au plafond la tapisserie de ma chambre à coucher. Que de fois ces souvenirs, juxtaposés en habit d'Arlequin, d'aspect kaléidoscopique, ont appelé l'attention et piqué la curiosité de mes visiteurs ! — « Ce coq tricolore ? — Mes débuts en peinture. J'avais six ans. — Cette binette? — Alphonse Karr, donné par lui-même. — Ce numéro 56? — Celui que j'ai tiré à la conscription. — Ce quatrain à l'encre jaunie? — De mon meilleur ami de collège, le général qui commande aujourd'hui la place de Versailles et le département de Seine-et-Oise. — Et ce bouton d'habit? — Ce bouton, toute une histoire... »

Bien que je fusse très tenu chez mon père, j'y pouvais néanmoins, entre le repas du matin et celui du soir, faire des excursions assez longues sur le dos de Bijou, cheval de médiocre apparence, mais trotteur infatigable, et du plus doux caractère. J'en profitais pour visiter les sites agréables et les curiosités archéologiques du canton : le vieux clocher de Champeaux, les ruines du Vivier en Brie (*Vivario in Bria*), demeure de Charles VI, la somptueuse résidence où « fretilla », suivant l'expression de Voltaire, le caustique abbé de Voisenon, Dammarie en Gâtinais, et les pittoresques débris de l'abbaye du Lys, séjour de prédilection de la reine Blanche. Il m'était aussi, mais rarement, accordé d'aller jusqu'à Paris, non plus à cheval, c'était trop loin, mais en diligence. Départ le matin et retour le soir, ce qui, le temps du trajet défalqué, ne me laissait que bien peu d'heures aux prises avec les séductions redoutées de la Babylone. N'importe, c'étaient pour moi de véritables fêtes. Dès la veille, je faisais boucler avec soin mes cheveux qu'on portait alors aussi longs que possible; la nuit se passait dans l'insomnie et, dès le point du jour, vêtu de mes habits du dimanche, un livre ou un journal dans ma poche, je m'élançais vers la grand'route pour y prendre la voiture au passage.

On suivait au petit trot de longs et insipides rubans de queue, on stationnait des éternités aux relais de Brie-Comte-Robert et de Boissy-Saint-Léger, localités radicalement maussades; le voyage ne m'en paraissait pas moins charmant, sollicité que j'étais tour à tour par les péripéties du roman et les mirages de l'espérance : pour l'instant, *Indiana, Sous les Tilleuls, la Confession d'un enfant du siècle;* tout à l'heure les Tuileries, les musées, les joyeux amis de Louis-le-Grand, devenus carabins ou étudiants en droit, avec accompagnement obligé de pipes culottées et de maîtresses idem.

Un de ces jours bénis, qu'à moitié chemin entre Brie et Boissy j'étais plongé dans les délices d'un feuilleton très réussi de Roger de Beauvoir, je fus désagréablement troublé par la brusque ouverture de la portière, et la non moins brusque invasion, dans le coupé que j'occupais seul, d'une dame en robe de soie puce. De nombreux colis la suivaient. Elle ne fit d'abord aucune attention à moi. Puis, ayant d'aventure jeté les yeux sur mon journal, elle les releva vivement, me contempla d'un air tendre, et, la voix anxieuse, me demanda si par malheur ses paquets ne m'incommodaient pas. Jeune, doux et désireux de plaire à tout le monde, même aux dames les plus puissantes et le plus grotesquement vêtues, je ne manquai pas de l'assurer du contraire. Une caisse, pourtant.... mais passons. Cette politesse rendue, j'allais poursuivre ma lecture lorsque, posant affectueusement sa main sur mon bras : — « Cet article paraît vous amuser, » reprit la voisine. — « Beaucoup, madame. - Vous savez le nom de l'auteur ? — Roger de Beauvoir ; c'est signé. — N'aviez-vous encore rien lu de lui jusqu'ici ? — Au contraire, Madame, tout ce que j'ai pu : *l'Écolier de Cluny*, *le Café Procope*, *le Chevalier de Saint-Georges*. C'est un de mes conteurs favoris. — Eh bien ! merci, Monsieur ; vous me faites, en disant cela, un plaisir immense. Je suis sa mère ! »

Au lieu de sourire, ainsi que le méritait peut-être cette explosion mélodramatique, je me tournai respectueusement vers la dame et lui adressai de chaleureux compliments. — Déjà griffonneur moi-même et rédacteur de complaisance au *Jour-*

nal de Seine-et-Marne, j'éprouvais, non seulement à l'égard des maîtres en bien dire, mais pour tout ce qui les touchait plus ou moins directement, une vénération sans limites. La canne de Balzac, les chats de Théophile Gautier, la blague à tabac de George Sand, le chien Freyschutz d'Alphonse Karr, ne me semblaient pas moins sacrés que le bois de la vraie croix ou les épines de la couronne du Christ. Quels sentiments pieux ne devait pas alors m'inspirer la femme à qui le XIXe siècle doit Roger Beauvoir !

Voyant combien sa personne m'intéressait, et d'ailleurs emportée par la sublime fierté de l'amour maternel, la brave dame, une fois partie, ne s'arrêta plus que rue Coq-Héron, au bureau de la diligence. J'appris d'elle, par le menu, non seulement la biographie de son fils, mais aussi la sienne propre et celle de son défunt époux. — Le cher homme ! elle l'avait perdu depuis déjà bien des années, et néanmoins, à l'occasion son souvenir lui arrachait encore des larmes. (Ici, un pleur entre les cils.) Amie intime de M. de Polignac, et comptant sur la protection de ce ministre si fatal à la monarchie légitime, elle avait d'abord dirigé son fils vers la diplomatie. Grand de taille, beau garçon, bien élevé, instruit, d'excellente tenue, il n'eût certainement pas manqué d'y réussir. Les journées de Juillet lui en avaient brutalement fermé les portes. (Un soupir.) Le jeune homme s'était alors lancé dans la littérature, où son nom, aujourd'hui, ne manquait pas de notoriété. (Un rengorgement.) Ce nom, soit dit entre parenthèses, n'était le sien qu'à demi. On y avait ajouté, au *Roger,* le *de Beauvoir,* nom d'une petite ferme à eux appartenant en Normandie, pour le distinguer d'un autre Roger, son camarade d'études au collège de Juilly. (Vapereau, dans son *Dictionnaire des contemporains,* explique autrement l'origine du pseudonyme.) Il habitait Paris. L'un des chefs les plus goûtés de la nouvelle école pouvait-il faire autrement? Mais il manquait rarement de venir passer les dimanches et les jours de fête auprès d'elle, à sa campagne de Senteny.

Altérée sans doute par ce long récit, elle ouvrit un des paniers de son nombreux bagage, en tira un flacon, deux gobelets d'argent, et m'offrit de boire avec elle une gorgée de vin d'Espagne. Au vin succédèrent, empruntés à d'autres paniers, gâteaux, pommes, poires, chocolat. Ses forces réparées, ma narratrice reprit avec une prolixité croissante le cours de son monologue. — Je lui plaisais, j'étais poli comme Édouard (petit nom de l'héritier). Elle voulut connaître mes occupations, ma demeure, et apprenant que l'aspirant homme de lettres n'habitait qu'à cinq lieues seulement de Senteny, elle m'invita à l'y venir visiter. Édouard me donnerait des conseils, m'introduirait dans la carrière, et qui sait si quelque jour je ne m'y ferais pas, comme lui, un nom et une fortune !

J'acceptai avec empressement, et moins d'un mois après je reprenais, monté sur Bijou, la route de Paris où vient aboutir, comme j'ai dit plus haut, entre Brie-Comte-Robert et Boissy-Saint-Léger, le chemin de Senteny, agréable village dont les toits rouges dominent pittoresquement les méandres d'un affluent de l'Yerres. Des paysans m'indiquèrent l'habitation de l'écrivain. Mme Roger m'y reçut le mieux du monde, mais aussi, suivant elle, avec un plaisir mêlé de chagrin : plaisir de me revoir, chagrin de ne pouvoir me présenter son fils, retenu à Paris pour la répétition d'un drame. Peut-être, pourtant, viendrait-il. En l'attendant, abondante reprise des exultations de la piété maternelle : — A quelle heure exacte et de quelle façon il prenait ses repas ; les vins, les plats qu'il préférait ; ses promenades favorites à Marolles, à Servon, au bois de Notre-Dame ; quels habits il mettait d'ordinaire à la campagne, l'été cette blouse grise ; l'hiver, cette vareuse à boutons de corne accrochée dans le vestibule.

Un repas plus correct que le goûter de la diligence suivit la biographie. Après avoir fait honneur aux viandes froides, au laitage, aux confitures, aux fruits, et l'heure convenable du départ approchant, je pris congé de ma cordiale hôtesse; mais dehors, fâcheuse surprise, la pluie tombait à torrents. On me force de rentrer, le temps est pris, il faut rester à dîner, à coucher. Je résiste, alléguant la crainte d'inquiéter et de mécontenter mes parents. Mais la dame : — Vêtu si légèrement, j'attraperai une fluxion de poitrine. Ma jaquette de coutil sera tout de suite traversée. On va me prêter quelque chose, un manteau, eh, parbleu! cette vareuse du vestibule. Je la rapporterai dans huit jours; ce sera l'occasion, désirée par elle, d'une autre visite. — Donc, endossée la vareuse, et vite en route, brave Bijou !

Hélas! qu'il ressembla peu à l'aller, ce lamentable retour! A peine hors du pays, qu'abritent de grands ormes, un vent furieux me fouette la pluie au visage. Vareuse, jaquette, gilet, chemise, sont tour à tour traversés, et me voilà, en un clin d'œil, mouillé jusqu'aux os. A Grisy, la fatale idée me vient de prendre, pour raccourcir, une traverse que je connaissais mal. Plus encore que la grand'route, les chemins vicinaux sont devenus boueux, glissants, impossibles. Je ne tarde pas, en outre, à m'y perdre. A Cordon, les habitants se précipitent sur mon passage, me huent et m'injurient. Même accueil à Soignolles; j'y suis appelé saint-simonien, on fait mine de me poursuivre. Pourquoi? Est-ce à cause de mes cheveux défrisés par la pluie, et qui, longs d'un demi-mètre, pendent, raides comme des crins, en ruisselant sur mon dos? J'éviterai les villages; mais, dès le premier détour, Bijou qui sait son chemin, et que l'écurie appelle, s'insurge, rue, se cabre et me jette par terre, ou plutôt dans un fossé rempli de vase. N'osant plus le contrarier, j'abdique mes droits de cavalier et lui jette la bride sur le cou. Il n'en demandait pas davantage, et moins d'une demi-heure après je réintégrais le toit paternel, sain et sauf, moins pourtant une égratignure au front, une contusion à la jambe, et par tout le corps un malaise qui me retint plusieurs jours au lit.

Cette mésaventure modéra quelque temps mon goût du califourchon. Aussi, pour la restitution de la vareuse, profitai-je du premier voyage qu'on me permit de faire à Paris. Au lieu de la porter à Senteny, je la remettrais directement à son maître, et j'aurais ainsi l'occasion de pénétrer dans un intérieur non moins curieux, estimais-je, que ceux de Victor Hugo, d'Alphonse Karr, de Jules Janin, de Charles Nodier, dont mon père et des camarades m'avaient tour à tour ouvert les portes.

L'adresse, je la savais et de reste, la maman me l'ayant vingt fois répétée: rue de la Paix. On m'introduit. Salon princier. Partout des vases, des tableaux, des panoplies, des statues. Quoiqu'il fût déjà trois heures de l'après-midi, Roger de Beauvoir était encore au lit, sur le devant d'une alcôve communiquant avec le salon. La tendresse maternelle ne m'avait rien exagéré; c'était en effet un jeune homme superbe. Trente ans environ, barbe noire, œil vif, l'air plein de franchise et de distinction, d'intelligence et de santé. Je m'approche avec la vareuse ; mais que vois-je en la dépliant pour la présenter avec plus de grâce ! il y manque un bouton ! Confus et désolé, je m'excuse, je promets de le faire remplacer le soir même. Le maître alors éclate de rire, et prenant sur sa table un canif, crac! crac! il en abat plusieurs autres. — « Vous me rendez un vrai service, » s'écrie-t-il; « depuis longtemps je demandais qu'on me changeât ces affreux boutons de corne. On résistait, par économie ou par paresse, je ne sais. Dépareillés maintenant, ils deviennent impossibles. Je vous devrai les nouveaux; merci. » Sur ce, sonnant un domestique, il fit apporter du chocolat, dont il m'offrit une tasse. Et l'on parla de son excellente mère, de Senteny, de mes parents, des roses d'Yèbles, ces reines auxquelles il promit d'aller rendre hommage. Plusieurs feuilles de papier, griffonnées à grands traits, jonchaient la couverture du lit. Quelque nouveau chef-d'œuvre en préparation, supposai-je, et qu'interrompt ma sotte visite. Aussi, malgré tout le plaisir que j'y trouvais, eus-je le courage de l'abréger. J'emportais le souvenir d'une entrevue mémorable. Quoi de plus! Cet enthousiasme pourra sembler naïf aujourd'hui que tant de jeunes talents, tapageurs pour la plupart, mais quelques-uns réels, font, à tort ou à raison, oublier la pléiade littéraire du règne de Louis-Philippe. Le nom de Roger de Beauvoir n'en marquera pas moins parmi les plus considérés dans les annales du romantisme.

La vareuse avait repris, depuis plus d'un mois, sa place accoutumée au porte-manteau de son maître, lorsqu'un matin, pendant qu'on lavait et nettoyait à fond ma chambre, j'aperçus dans les balayures un bouton... le bouton de corne! Je l'en tirai vivement, l'essuyai avec respect et l'élevai d'emblée à la dignité de relique. Telle est la véridique histoire de celui qui figure aujourd'hui dans mon sous-verre, entre une dent de lait de mon neveu le capitaine de cavalerie, et certaine marguerite pieusement cueillie, un soir de printemps, sur la trace de pieds adorés.

VII

LA DAME DES BATIGNOLLES.

C'était au temps de Médora. Quel sexagénaire d'aujourd'hui, ayant habité Paris vers 1840, ne se rappelle Médora, la Médora, la fameuse Médora ! Jamais courtisane n'exerça plus d'empire sur un certain monde, n'inspira plus de folies, ne dévora plus d'héritages. La voir, c'était, pour peu qu'on eût le cœur sensible ou le caractère vaniteux, en être épris ; en être épris, c'était perdre sûrement et à courte échéance, liberté, fortune, raison, si l'honneur et la vie même n'y succombaient pas. Son nom seul faisait trembler les mères pour leurs fils, les épouses pour leurs maris, les maîtresses pour leurs amants.

Mon ami de collège, Castor, et moi son inséparable Pollux, nous suivions d'un œil moins inquiet la marche du fléau. Quelle prise pouvait-il avoir sur nous ? Castor adorait une jeune fille très belle, très honnête, très bien élevée, qui le payait de retour et avec laquelle il menait, aussi secrètement que possible, l'heureuse existence d'étudiant et d'artiste, en attendant que ses parents, arrêtés par des scrupules héraldiques, lui accordassent la permission de l'épouser. Transfuge récent de la maison paternelle, Pollux, mis à pied et forcé de gagner sa vie, travaillait depuis le matin jusqu'au soir dans un greffe. Rares étaient ses loisirs, encore plus rare son superflu. Tout au plus pouvait-il se passer certain divertissement, source, pour beaucoup, de dissipations, d'extravagances, de débauches, mais dans lequel il ne recherchait, lui, que l'originalité du coup d'œil et l'occasion d'un salutaire exercice; je veux parler des bals masqués de l'Opéra.

Sauter, danser, courir, après six longs jours de travail sédentaire, c'était pour mes articulations ankylosées un besoin; besoin aussi, pour les yeux écarquillés de l'expéditionnaire, la vue du plus grandiose et du plus étonnant spectacle qu'il soit possible d'imaginer. Chaque soir, costumé économiquement mais non sans grâce, je me précipitais vers le bal, et là, pendant six heures, sous les yeux de Castor et de sa compagne cachés au fond d'une loge, je me livrais sans trêve à ma passion pour les entrechats, réglés et perfectionnés suivant le goût des grands chorégraphes de l'époque: Pritchard et la reine Pomaré. Au petit jour, j'accompagnais mes amis chez eux. On y soupait gaiement. — « A quatre, on s'amuse davantage, » fit une fois Castor, qui laissait rarement échapper l'occasion de me plaisanter sur mon célibat. — « Y tenez-vous donc tant! » répliquai-je un peu piqué. — « Mais non, mais pas du tout; c'était seulement pour te dire qu'à l'occasion, non seulement toi en personne, mais tous les tiens, ou tiennes, serez toujours bienvenus ici. »

A l'avant-dernier bal de la saison, je venais d'exécuter, avec ma fougue et mon adresse habituelles, un des plus frénétiques galops de Musard; le front moite et la démarche triomphante, je ramenais ma danseuse intacte, ce qui n'était point toujours sans mérite, attendu la rapidité de la course et la facilité des chutes, quand je sentis une main s'appuyer doucement sur mon épaule. Je me retourne et me trouve en présence d'une fort belle créature, parée d'un costume de bayadère. — « Ta danse me plaît, » me dit-elle avec ce sans façon qu'autorisait le lieu; « je te retiens pour le prochain quadrille. » Et sans même attendre ma réponse, elle passa son bras sous le mien. Une foule de pékins en habit noir et cravate blanche l'entouraient, lui souriant, la complimentant, l'adulant ; elle leur fit la nique, leur tourna le dos et m'entraîna dans la foule.

L'entr'acte, ou plutôt l'entre-quadrilles se prolongeant, nous causâmes. Elle avait un esprit du diable; la nouveauté de l'aventure, si flatteuse pour un pauvre gratte-papier, dégourdit quelque peu le mien, et ce fut pendant cinq minutes comme un feu roulant de lazzis. — « Ton bagou me plaît, » conclut-elle en préludant par deux pirouettes à la danse dont l'orchestre, cet irrésistible orchestre de Musard, venait de donner le signal, « je te retiens pour cavalier jusqu'à la fin. » Puis, après la pastourelle, faisant, comme un major au conseil de révision, l'inspection de ma personne : — « Ton costume n'est pas très chic, mais ta boule me plaît. » Puis encore, pendant le dernier galop, comme l'heure de la fermeture approchait : — « Tout ton individu me plaît. Je suis engagée cette nuit; mais si tu veux, au prochain bal, nous nous en irons souper ensemble. Rendez-vous à trois heures précises au pied de l'orchestre. »

Castor et sa compagne, chez qui je courus aussitôt sorti, m'accueillirent avec des transports de gaieté. — « Bravo! bravissimo! Nous ne t'avons pas quitté des yeux. Voyez-vous mon gaillard! il lui faut la reine du bal. Nos sincères félicitations.

Quel succès! Mais qu'est devenue ta danseuse? — Ma danseuse, » répliquai-je, « dites plutôt ma conquête. Depuis assez longtemps vous m'y provoquez; tant pis! je vous l'amène la première fois, et nous souperons carrément. » Si inopinément pris au mot, mon ami parut d'abord déconcerté ; il éleva même des objections : — Étais-je sûr de mon affaire? Cette femme ne voulait-elle pas se jouer de moi? Et puis, souper un mercredi des cendres... Le prochain bal était effectivement celui du mardi gras. Mais la dame du logis tint bon : — « Chose promise, chose due, » fit-elle en donnant un petit coup de son éventail sur les doigts du fâcheux ; « à mardi la partie carrée! »

On comprendra mon ravissement. Au rebours de tant d'autres qui, pour les faveurs de quelque Goton, avaient posé des siècles et dépensé des sommes folles, je conquérais tout d'un coup, sans bourse délier, une merveille de beauté, d'esprit et de distinction. De vingt à vingt-cinq ans, le cœur est comme l'estomac, toujours dispos, toujours avide, n'importe d'ailleurs l'aliment. Quelque temps de galop et quelques paroles échangées avec une inconnue dont j'ignorais même le petit nom, avaient suffi pour affoler un philosophe. Impossible de travailler ou de dormir jusqu'à l'instant du précieux rendez-vous. Je ne songeais plus qu'à cela. Viendrait-elle? Lui plairais-je encore? Elle avait trouvé mon costume peu chic, je me mettrais en habit noir avec chapeau rond et chemise à manchettes, comme les lions de sa bande. Une vénérable timbale d'argent me restait de mon trousseau du collège. A quoi bon cette relique? Je l'allai changer, chez l'orfèvre, contre une épingle d'opale, et, sortant de sa cachette le trésor péniblement amassé de mes économies, j'en prélevai, pour les dépenses éventuelles du bal, quelques louis primitivement destinés aux frais d'un voyage en Suisse. Forêts, torrents, glaciers, lacs bleus, hier encore si pleins de prestige, qu'étiez-vous maintenant auprès d'un sourire de ma bayadère!

Le soir tant désiré arriva enfin. J'étais des premiers au bal, vêtu comme un futur le jour de ses noces. Le rendez-vous n'étant convenu que pour trois heures, j'allai, pour tuer le temps, me promener au foyer. On saute malaisément en toilette de ville; et puis, quelle danseuse aurait pu me plaire! Je m'ennuyais à périr. A juger froidement les choses, est-il en effet rien de plus lugubre et de plus insipide que cette cohue riant sans gaieté, suant sans besoin et piétinant sur place qui constitue, par ordre, à l'exclusion des paillasses, titis, chicards, balochards et consorts, le prétendu comme-il-faut du foyer? On m'avait bien marché dix fois sur les pieds, et j'avais, à titre de revanche, involontairement offensé des masses d'œils de perdrix lorsque, trois heures approchant, je traversai la galerie pour sortir et m'aller mettre en faction auprès de l'orchestre. Heureux instant! mon cœur bondissait, je me sentais comme ivre.

Je n'avais pas atteint la porte, qu'un bras s'emparait violemment du mien, et qu'une voix entrecoupée, haletante, exclamait à mon oreille : — « Monsieur, je vous en supplie, soutenez-moi, je vais me trouver mal. » C'était un petit domino de satin noir garni de dentelles. Il semblait effectivement sur le point de tomber en syncope, poussant de bruyants soupirs, levant au ciel, ou plutôt au plafond, sous son masque de velours, de grands yeux bruns effarés, et pesant contre moi de tout le poids de son corps. — « Que puis-je faire pour vous, Madame? faut-il vous tirer d'ici? — Non, merci, pas encore, mais de grâce, prêtez-moi un instant votre appui. » Et les gémissements de recommencer : — « Vous m'excusez, n'est-ce pas? Si vous saviez quel service vous me rendez! Je m'expliquerai tout à l'heure. Ah! le voilà, le traître, l'infâme! » Et me quittant brusquement elle se jeta comme une furie sur un monsieur en lunettes qui marchait devant nous, traînant pacifiquement ses semelles. Stupéfaction du monsieur, insistance de la dame. Une altercation éclata, puis le monsieur exaspéré : — « Enfin, Madame, que me voulez-vous ? qui êtes-vous ? Je n'ai pas l'honneur de vous connaître. Laissez-moi. »

Je crus que la pauvre créature allait défaillir. Elle se rejeta sur moi chancelante et, crainte d'accident, je l'entraînai loin de la foule. Une loge vide était ouverte, je l'y fis entrer, et bientôt, la voyant plus calme, je m'inclinais pour la saluer et prendre congé, lorsque, saisissant ma main, elle me dit d'une voix dont la douceur m'émut plus encore que ne l'avaient fait ses angoisses : — « Restez donc ! Qu'est-ce qui vous presse ? — Un rendez-vous ? — Ne saurait-on vous attendre un peu ? Oh ! par pitié, encore quelques minutes ! » Elle était supérieurement gantée, un pied mignon débordait insidieusement les plis de sa jupe, son mouchoir brodé embaumait. Au fait, pensai-je, ma bayadère aime trop le bal pour vouloir le quitter de sitôt. Devant l'orchestre ou ailleurs, je saurai bien la retrouver. Il n'y a pas trente-six costumes comme le sien.

Apparemment satisfaite de ma soumission, la dame reprit : — « Que vous êtes bon, Monsieur, que vous êtes généreux ! Merci encore de votre charitable assistance. Je n'en suis pas indigne, croyez-le bien. C'est la première fois de ma vie que je mets les pieds dans ces bacchanales. Vous en dirai-je plus? Et pourquoi non! Vous ressemblez si peu aux autres hommes que vous m'inspirez une confiance absolue. Je suis mariée, Monsieur, veuve même, ou peu s'en faut, car mon mari, parti pour un voyage au long cours, n'a pas, depuis plus de deux ans, donné de nouvelles, et le vaisseau qu'il commandait, l'*Arlequin,* s'est perdu, dit-on, corps et biens, dans l'océan Pacifique. Très jeune encore, et cédant aux instances d'une amie, j'ai consenti à recevoir chez moi son frère de lait en qualité de prétendu éventuel. Ce fut une faute dont je subis aujourd'hui les funestes conséquences. Nous voyant tous les jours, nous ne tardâmes pas à nous aimer; comptant sur une fidélité réciproque, nous prononçâmes ailleurs qu'au pied des autels les serments qui devaient nous lier pour la vie, et maintenant, ô perfidie de l'homme! je reste seule à les tenir. »

Elle parut alors plongée dans un abîme de douleurs, son mouchoir sur ses yeux, sa jolie tête blonde dans sa main, et tout son corps charmant agité par des sanglots. — « Je suis bien malheureuse! » reprit-elle après quelques instants de silence; « voyez comme je tremble. C'est la fièvre. »

Je retirai mon gant et touchai discrètement l'artère d'un poignet qui me parut néanmoins battre d'une façon assez régulière. — « Vous êtes médecin ; que ne le disiez-vous plus tôt? Eh bien, sérieusement, je vous prends aujourd'hui pour mon docteur en titre, à charge par vous de soigner l'esprit en même temps que le corps. L'esprit souffre surtout en moi. Vous me consolerez... — Fort à propos, » interrompis-je malheureusement inspiré par les coutumes de l'endroit, « je suis invité à souper ce soir chez des amis. Venez-y, nous serons quatre. »

Je n'avais pas achevé ma phrase que, rigide, indignée et me tournant brusquement le dos, elle ouvrit la porte comme pour sortir. Peiné plus qu'on ne saurait croire, je la retiens, je la ramène, et, par force autant que par supplication, je lui fais reprendre sa place. Puis, une masse d'excuses : — Je suis jeune, romanesque, sans expérience, je ne recherchais que son amitié. — « Soit, » reprit-elle, « quel amour a, d'ailleurs, jamais valu l'amitié! Donnez-moi votre adresse. Bien ! La mienne, anonyme, vous devez comprendre la nécessité du mystère : Madame XXX, poste restante aux Batignolles. Nous nous écrirons. Vous verrez, ce sera charmant. Mais voici qu'on ferme. Votre bras! » Je la reconduisis jusqu'au perron.

Des voitures de place attendaient. Elle en prit une, s'y enferma, et, me faisant de la main un geste amical : — « Merci, docteur; à bientôt! »

C'est un peu à contre-cœur que j'allai de là chez Castor. Je caignais son esprit épigrammatique. Quoi ! encore seul ! n'allait-il pas s'écrier. Et ta bayadère ? Un joli don Juan ! un curieux Lovelace ! Enfin, pire que des injures. Je le trouvai, au contraire, tout à fait convenable. Il s'informa discrètement de l'emploi de ma nuit. Je racontai mon aventure avec le mystérieux domino des Batignolles. Elle fut déclarée magnifique, et l'on me félicita d'avoir, au caprice de la danseuse, quelque gourgandine assurément, plus avide de mes écus que de mon cœur, préféré l'amitié, — l'amitié aujourd'hui, demain peut-être l'amour, — d'une personne en qui tout, esprit, caractère, tenue, décelait une femme du monde.

Je n'attendis pas vingt-quatre heures la suite de mon roman. Le lendemain, dans la matinée, je recevais, des Batignolles, une lettre de la nuance et du parfum les plus distingués. L'écriture en était mignonne, le style fleuri, l'esprit ravissant. On m'y appelait cher docteur, on y répétait plus chaleureux les remerciements, plus explicites les confidences de la veille. Et puis mille détails attendris sur la vie solitaire et ennuyeuse des

Batignolles; son mari perdu, son prétendu parjure, son avenir plein de doute et de ténèbres. L'infortunée veuve n'avait plus, pour se distraire, que ma correspondance, si toutefois je consentais à lui répondre. « Propriétaire de trois prénoms, » finissait-elle en manière de post-scriptum, « j'en ai déjà donné deux, un dernier me reste, il est à vous, appelez-moi Sidonie. » Et Sidonie je l'appelai, et ce fut, quinze jours entre nous, un fiévreux échange d'épîtres aussi passionnées que longues. J'y consacrais tout le temps que ne me prenait pas le travail du greffe.

Bientôt pourtant, inévitable effet de l'âge, ces relations platoniques ne me suffirent plus. Je demandai davantage. On se fâcha. Je tins bon, et ne pouvant, finalement, fléchir la cruelle, je résolus de mettre à profit les derniers bals de la mi-carême pour aller retrouver, à l'Opéra, une amante moins distinguée peut-être, mais dont les traits savaient charmer sans le prestige du loup, et dont la passion s'exprimait autrement qu'en pattes de mouche. Sidonie n'avait pas chassé la bayadère de mon souvenir. Ne pouvais-je pas d'ailleurs les aimer toutes les deux à la fois ? Les idéales caresses de l'esprit semblaient suffire à la première; l'autre n'exigerait que des manifestations matérielles. Je fis part à Castor de ce programme et l'avertis que la partie carrée à laquelle il m'avait tant de fois mais inutilement convié aurait lieu sans faute le jeudi suivant; qu'il pouvait m'attendre. J'écrivis ensuite à la mystérieuse Sidonie une épître sentimentale, interrompant çà et là mes ithos et mes pathos pour préparer le costume destiné à conquérir sa séduisante rivale. J'avais plu sous le pantalon de velours et la ceinture écarlate du débardeur; décidément, je remettrais la ceinture écarlate et le pantalon de velours. Changer m'eût peut-être nui.

Ce que c'est que de nos projets ! Le matin même du jour fixé pour l'accomplissement de ma trahison, il me vint des Batignolles un paquet plein de choses délicieuses. C'était d'abord une photographie représentant ma veuve en domino et en loup, puis une boucle de cheveux fins et parfumés, puis un billet d'invitation personnelle pour la fête qui devait avoir lieu le soir même à l'ambassade ottomane, où quelques mots affectueux de Sidonie me donnaient expressément rendez-vous. Elle aurait un cactus bleu dans sa coiffure; je la découvrirais sans peine à ce signe, et s'il m'était interdit de l'aborder, ne lui ayant pas encore été présenté, au moins pourrais-je voir ses traits et juger s'ils répondaient exactement à mon idéal.

Les séduisantes promesses ! Et quel cachet de sincérité ! Le moins fat s'y fût laissé prendre. Me voilà donc abandonnant, de gaieté de cœur, costume, opéra, bayadère, partie carrée, et courant à l'ambassade. De nombreux invités en remplissaient déjà les salons : hommes noirs, graves, constellés de décorations, debout dans les embrasures ; femmes couvertes de dentelles, de diamants et de fleurs, assises sur les banquettes de velours. On annonce M. Guizot, Mme la comtesse Lehon, M. le duc de Montpensier. Un orchestre magistral remplit l'air d'harmonie. Des massifs embaumés de rosiers, de camélias, de lilas blanc, masquent les âtres, garnissent les consoles, tapissent les corridors, un monde de valets circule avec des plateaux chargés de friandises ; je ne veux rien prendre, rien entendre, je n'ai plus qu'un sens, la vue, et ce que mes yeux recherchent, ce ne sont ni les brunes, ni les blondes, ni les jolies, ni les célèbres, c'est une fleur, une seule, le fantastique cactus. Je passe l'inspection des salons, je scrute les réduits, j'interroge les vestibules. Absence absolue de cactus. Il était encore de bonne heure. J'attends minuit, je danse pour examiner de plus près les coiffures, j'assiste au souper, je prends part à l'interminable cotillon, et je ne sors qu'avec la dernière invitée, espérant la voir, sur le seuil, arracher de ses tresses pervenche ou marguerite pour arborer le cactus bleu.

Je rentrai chez moi plein d'humeur. Une lettre d'excuses m'y avait précédé : « Cher docteur, un violent malaise m'a empêchée... » Je la froissai, je la mis en pièces. Castor vint me trouver dans l'après-midi. — « Et la dame des Batignolles ? » fit-il d'un ton moitié goguenard, moitié compatissant. Je lui répondis de manière à lui ôter l'envie de recommencer. Et de fait, n'étais-je pas encore plus malheureux que ridicule ? Comme le chien lâchant sa proie pour l'ombre, j'avais sacrifié bêtement la franchise à l'intrigue, la beauté découverte à un visage masqué, laid peut-être, enfin la brave fille qui m'aimait sincèrement à une prude rouée qui, sans aucun doute, s'était jouée de moi. Je me gardai bien de conter cette mésaventure à personne, et pour me la cacher à moi-même, pour en débarrasser ma mémoire, je détruisis ce portrait, je brûlai ces lettres, ces cheveux si souvent pressés contre mes lèvres.

Bien des années s'étaient écoulées ; j'avais même depuis longtemps changé de patrie, ou plutôt de résidence, — car Alger c'est toujours la France, et plus jeune et plus vivace peut-être que certains cantons de là-bas, — lorsque, de passage à Paris, le désir me vint de revoir quelques-uns des chers amis d'autrefois. Je trouvai Castor uni légitimement à la compagne de ses folies. Ils avaient des enfants, voire des petits enfants qu'une cousine faisait, ce soir-là, sauter sur ses genoux. On parla du temps passé, des beaux jours disparus, des bals de l'Opéra. — « Monsieur Charles, » me demanda malicieusement Mme Castor, « vous rappelez-vous la dame des Batignolles ? » Allait-on encore se moquer de moi ? — « Oui et non, non et oui, comme il vous plaira, » répondis-je d'un ton bourru. — « Permettez-moi d'insister. Voulez-vous que désormais ce souvenir vous plaise, au lieu de vous chagriner ? — Je ne demande pas mieux. — Eh bien, votre mystérieuse conquête, cette Sidonie que vous n'aviez pu voir que masquée, la voilà : c'est notre vénérable cousine. — Ah ! c'était madame !... Votre cousine mérite certainement tous mes respects ; mais Sidonie ne saurait prétendre à ma gratitude. — Vous lui en voulez donc toujours, à ce pauvre domino ? — On détesterait à moins. Ne s'est-il pas joué cruellement de ma candeur, d'abord au bal de l'Opéra, ensuite à l'ambassade ottomane ? Et n'est-ce pas à sa méchante intrigue que je dois d'avoir manqué par deux fois la plus délicieuse aventure, le nœud peut-être d'amours durables et fécondes comme les vôtres ? »

Un ton de reproche et d'aigreur qu'il me fut impossible de dominer accentua ces derniers mots. Castor se chargea d'y répondre : — « C'est moins à madame qu'à mon amie et à moi qu'il faut t'en prendre, » dit-il; « nous commandions l'intrigue, elle n'en a été que l'instrument. En t'empêchant de retrouver ta bayadère, elle t'a sauvé du plus grand péril que tu courus peut-être jamais. Cette créature à laquelle tu croyais ingénument n'avoir à sacrifier que des loisirs et du superflu, mais qui se fût bien vite emparée de tout ton temps, de toutes tes ressources, qui t'eût sûrement, en dépit de nos conseils, malgré ton courage et ta résistance, entraîné, avili, perdu, — ne le soupçonnais-tu donc pas alors, et ne l'as-tu pas su depuis ? — c'était la Médora ! »

VIII

CARNAC.

Oh! le premier voyage! Pour le curieux, pour l'artiste, pour le poète, il vaut presque le premier amour. Les souvenirs en sont même meilleurs. Je chantais, je sautais de joie, je cueillais avec transport les plus insignifiantes fleurs. Que mon sac me semblait léger! Je n'aurais pas échangé mon bâton contre un sceptre. A chaque instant je m'arrêtais, ouvrais mon album, et, sans même m'asseoir, je croquais un bout de paysage : ici, les ajoncs aux étamines d'or d'une haie, le costume original d'un saunier; là, la flèche dentelée d'une église, le toit couvert de mousse et couronné d'iris d'une chaumière. Je l'ai gardé comme une relique, cet album, le chef de file des trente ou quarante qui, usés, jaunis et cachés dans un coin obscur de ma bibliothèque, y priment pourtant, dans mon cœur, les Firmin Didot, les Hetzel, les Curmer, les Jouaust reliés en veau et dorés sur tranche. Je l'ai sous les yeux en écrivant ces lignes; j'y retrouve, à demi effacés, mais d'autant plus précieux à mon souvenir, les vieux murs de Guérande, le clocher du Bourg-de-Batz, les marais salants du Croisic, étapes préliminaires de ce fameux champ de Carnac, objectif principal de mon odyssée pédestre. Son Altesse Royale monseigneur le duc de Nemours faisait alors le même voyage, et j'avais la satisfaction de passer, de loin en loin, sous des arcs de triomphe dressés en son honneur. Mais qui, de nous deux, était le plus véritablement prince? Tandis que je trouvais partout airs souriants, bons procédés, on ne lui ménageait pas, à lui, les mortifications, les mécomptes : c'étaient ici des accueils équivoques, là des drapeaux blancs, des sifflets, et si, d'un côté, l'administration lui prodiguait les devises adulatoires, telles que : « Vive le roi longtemps ! Sa dynastie toujours ! » les paysans, par contre, lui cornaient aux oreilles des épithètes médiocrement flatteuses.

J'avais atteint heureusement la jolie petite ville d'Auray, visité son église, but de tant de pèlerinages; je dînais à l'hôtel avec un appétit aiguisé par six heures de marche, lorsqu'un retardataire vint occuper une des places restées vides près de moi. Je le regarde : ô surprise ! c'est Pharamond, le plus original, le plus aventureux de mes anciens condisciples de Louis-le-Grand. Excellent garçon, du reste. Nous nous serrons les mains. Il ne voyage pas seul, une dame le suit, toute jeune, mince, blonde, charmante, et l'air très peu farouche. Il me la présente, et, sans autrement s'expliquer sur la nature de leurs liens, il m'apprend, entre deux cuillerées de julienne, le motif de leur expédition. Ils se rendent en poste à Brest pour assister aux solennités navales qu'on y prépare à l'intention du royal touriste.

D'abord quelque peu gênée par le travail de la fourchette, la conversation prit sa revanche au dessert. Il y fut surtout question des camarades de classe. C'est le thème favori de tout échappé de collège. — « Et Decazes ? — Et Deschanel ? — Et Madier de Montjau ? — Et Maxime du Camp ? — Et Octave Feuillet ? — Et Lagrange ? Tu te rappelles, Pharamond, ce gros rougeaud qui, tous les soirs, à peine couché, prenant la retraite pour la diane, se relevait, se rhabillait et voulait, bon gré, mal gré, descendre à la salle d'étude ? — Ah ! oui, le somnambule, » répondit Pharamond. Puis, après une pause : — « Crois-tu au somnambulisme, toi ? — C'est selon. Au somnambulisme spontané, comme celui de Lagrange, oui ; au somnambulisme provoqué, peu ; enfin à ce somnambulisme surnaturel dont on parle tant depuis quelques années, et qui, suivant ses adeptes, permet de lire dans la pensée et de prévoir l'avenir, non ! »

Il plut après dîner. Pharamond m'invita à prendre le café dans sa chambre. Il paraissait songeur depuis notre sortie de table. Après quelques menus propos, s'adressant à la dame : — « Hortense, vous sentez-vous disposée ce soir ? — Toujours à vos ordres, mon cher, » répondit celle-ci en inclinant gracieusement la tête. Et, sans ajouter un mot, elle vint s'asseoir devant lui. Lui, l'air grave et dominateur, la regarda fixement, lui prit les mains qu'il tint quelques minutes dans les siennes, puis, se levant, il procéda méthodiquement aux passes réglementaires. Je m'y intéressai vivement. Immobile sur un canapé, à l'autre bout de la chambre, j'étais tout yeux, tout oreilles. — « Dormez-vous ? » fit enfin le camarade après avoir gesticulé environ un quart d'heure. — « Oui, » répondit la dame. — « Comment vous trouvez-vous ? — Bien. — Pas de mal de tête ? — Non. — Où sommes-nous ? — A Auray. — D'où venons-nous ? — De Vannes. » Se retournant vers moi : — « Ce ne sont là que les bagatelles de la porte. Tu vas voir. » Il me prit alors les mains, et, les ayant posées sur celles du sujet : — « Que touchez-vous là ? — Je ne perçois rien.

— Tu l'entends, elle ne perçoit rien. » Et à elle, impérieux : — « Percevez maintenant ! Que touchez-vous ? — Les mains de votre ami. » Pharamond me regarda d'un air vainqueur, puis, revenant au sujet : — « Ne percevez plus. » Cela dit, il lui pinça les bras. Elle demeura impassible. « Pince-la aussi, » reprit-il en s'adressant à moi. J'obéis discrètement. Pas un geste. Après lui avoir rendu la sensibilité, lui mettant sa montre entre les mains : — « Quelle heure est-il ? » Elle promena ses doigts sur le verre et parut se livrer à un travail difficile. Puis, tout à coup : — « Je trouve une aiguille, la petite, elle est sur dix heures ; l'autre m'échappe. Je suis fatiguée. » Pharamond la réveilla. Dix heures sonnaient !

Rien ne saurait exprimer ma satisfaction. La bouche béante, les yeux écarquillés, je regardais Pharamond comme on regarderait le diable. Ce résultat parut le flatter énormément. Aussi, malgré l'heure avancée, voulut-il m'initier, séance tenante, aux principaux éléments du magnétisme. C'était, à l'entendre, la clef de tous les mystères historiques, scientifiques, religieux. Avec le magnétisme, il expliquait Adam, Ève, Moïse, Jésus-Christ, Mahomet, Napoléon. Il le voyait dans tout, dans nos moindres actions, dans les plus infimes ressorts de notre organisme. Volonté, magnétisme; digestion, magnétisme; naissance, et mort, magnétisme. Il parla jusqu'à minuit, puis, concluant, il m'invita expressément à l'aller trouver chez lui aussitôt mon retour à Paris. Il me mettrait en rapport avec les grands disciples de Mesmer, et de nouveaux horizons s'ouvriraient à ma vie jusque-là si terne, si bête. Je promis tout ce qu'il voulut, et nous nous dîmes à la fois bonjour et adieu, son intention étant de continuer sa route le lendemain de très bonne heure.

Quant à moi, je me levai tard : les premières marches fatiguent, et j'avais grand besoin de repos. L'étape est longue d'Auray à Carnac. Je cherchais comment l'abréger, lorsque, flânant sur le port, je vis des gens endimanchés sauter joyeusement dans une espèce de bateau plat. Ils vont, me raconte l'un d'eux, visiter le *Cuvier*, magnifique frégate de l'État, mouillée depuis la veille dans la petite baie de Locmariaker. On n'a pas plus de chance ! Locmariaker est précisément sur la route que je dois suivre. Je m'embarque. On part. Ce fut un trajet délicieux. Nous descendions la rivière d'Auray, qui en cet endroit fait corps avec un bras du Morbihan. Large, profonde, sinueuse, elle est bordée de rochers que garnissent des bouquets de pins maritimes. Un soleil éclatant brillait dans le ciel rasséréné, et des courants de brise embaumée par les prés du rivage enflaient pittoresquement nos voiles. Des jeunes filles du pays, parées de leurs costumes nationaux, chantaient en chœur des motifs bretons d'une originalité piquante.

A peine arrivés, c'est à qui s'élancera vers la frégate, et, la frégate visitée dans ses moindre recoins, on s'éparpille à la recherche des monuments mégalithiques. Les environs du village en sont couverts. Nous nous extasions devant le *Roc des Fées*, le plus grand de tous les dolmens connus, mais malheureusement renversé et brisé en quatre morceaux. Debout, il mesurait vingt-deux mètres, un peu plus long que l'obélisque de la place de la Concorde. Son poids est évalué à un demi-million de kilogrammes. La *Table de César,* ou *Table des Marchands,* ne nous émerveilla pas moins. C'est un des rares dolmens qui offrent des traces de sculptures, sculptures bien primitives, on s'en doute. Que n'a-t-on pas conjecturé sur l'origine et l'usage de ces monuments étranges! Stèles funéraires, limites de territoires, souvenirs d'événements importants, hommage au souverain ou à la Divinité, ils ont probablement, suivant le temps et les lieux, reçu un ou plusieurs de ces différents emplois. De même que toutes les langues ont dû commencer par le cri, de même toutes les architectures ont nécessairement débuté par la pierre levée. Aussi n'est-ce pas à tel ou tel peuple qu'il convient d'en attribuer l'invention, mais à tous indistinctement. Dolmens et menhirs se trouvent répandus avec plus ou moins de profusion sur tous les points du globe où l'homme a fait ses premiers pas hors de l'état sauvage. Aussi bien que notre Europe, l'Asie et l'Afrique en possèdent de très caractérisés. Les différents objets tels que vases, silex taillés, squelettes, anneaux, trouvés autour de certains d'entre eux, ne sont rien moins que concluants à l'égard de leur destination première. Qui sait combien de peuples se seront servis de ces pierres après que les eurent dressées des générations inconnues! Le nom de monuments druidiques qu'on leur donne assez généralement est donc tout à fait impropre. Qu'en Bretagne les druides les aient appropriées à leurs cérémonies, rien de plus authentique; mais depuis combien de siècles n'y existaient-elles pas avant eux!

Les champs de Locmariaker soigneusement explorés, je me dirigeai sur Carnac par une lande entrecoupée d'estuaires. C'étaient à chaque pas des obstacles. Je m'égarai plusieurs fois malgré les questions empressées, mais nécessairement laconiques, dont je harcelais au passage les rares paysans qui traversent ces solitudes. Carnac! leur criais-je; et du doigt ils m'indiquaient un point de l'horizon. Impossible d'en rien obtenir de plus. Le français était aussi peu compris alors en Bretagne qu'il l'est aujourd'hui dans nos oasis algériennes. Enfin, après cinq heures de marches et de contre-marches, de navettes et de zigzags, j'aperçus du haut d'un tumulus de moyenne élévation, le fameux *Camp de César*, ou *Champ des Fées*, immense agglomération de menhirs auxquels le petit trou de Carnac doit sa célébrité. Afin d'étudier avec tout le soin qu'on lui doit cette curiosité archéologique, je résolus de commencer par répondre aux exigences d'un appétit que l'exercice et le grand air avaient démesurément excité. Laissant donc les pierres à main gauche, je piquai droit sur Carnac, où j'eus la satisfaction de trouver, chez la veuve Gildas, unique auberge du lieu, un souper prêt et parfait. Toutefois, la table ne me retint pas longtemps, et, sitôt expédié le plat principal, un rustique ragoût de pommes de terre, je repartis pour les menhirs.

On imaginerait difficilement un pareil spectacle. Vous avez lu des récits, vous avez vu des tableaux, n'importe; au milieu de cette espèce de congrès de monolithes si curieusement disposés en cercles, en allées, en carrés, vous demeurez d'abord confondu; puis vous courez de l'un à l'autre, vous les mesurez de l'œil, vous les touchez du doigt, comme pour vous convaincre de leur réalité. Désirant en garder plus qu'une impression fugitive, je me mis à les dessiner, choisissant tour à tour pour motif, ici des ensembles, là des détails, notamment le *Tambour-major*, nom donné à la plus haute des pierres. Mon travail fini, et le jour commençant à baisser, je m'étendis sur l'herbe, à l'abri d'une grosse meule dont les gerbes mal entassées et hors d'aplomb s'avançaient en forme de toit.

L'effet, déjà très remarquable le jour, devint splendide au soleil couchant. Mais, au lieu d'en suivre jusqu'au bout les pittoresques métamorphoses, je cédai à la fatigue et m'endormis. Puis, le cerveau nécessairement frappé par tant d'impressions nouvelles, je rêvai mégalithes, tumulus, peulvans, cromlechs. Rien de plus confus d'abord. Un monde de créatures bizarres se mêlait à ces monuments. C'étaient des singes, des vampires, des cynocéphales, des Huns, des Cimbres, des Teutons. Entre eux, des luttes, des massacres, des hécatombes. Le calme pourtant se rétablit peu à peu, et les mêlées disparurent pour faire place à sept ou huit personnages vêtus de blanc à la manière traditionnelle des fantômes. Ils marchaient avec majesté, le front ceint de feuillage. Qui n'eût reconnu des druides! Ayant cérémonieusement couché l'un d'eux sur une pierre disposée en forme d'autel, ils levèrent les bras tous ensemble et parurent se livrer à une évocation solennelle. La lune éclairait seule encore de sa lumière argentée cette scène funèbre, lorsque les flammes d'un bûcher y vinrent tout à coup mêler leurs reflets rougeâtres. « Quel tableau ! » m'écriai-je. Et déjà les Teutons, les Huns, les singes, les vampires recommençaient leurs mêlées bizarres, inextricables, pour bientôt s'évanouir dans les profondeurs inconscientes du plein sommeil.

Le ciel était sombre quand je me réveillai. Il pleuvait même. Je me hâtai de rentrer à l'auberge, où, faute d'autre logement disponible, on me mit dans une chambre à deux lits, en compagnie d'un touriste anglais. L'insulaire, très grand, mais très distingué, au dire de la veuve Gildas, était déjà couché. Son corps, vu l'énorme taille, s'étendait dans le lit en diagonale. Un album, des crayons, des pinceaux, une boîte à couleurs, un chevalet et autres ustensiles d'artiste gisaient autour de lui. Je n'y jetai qu'un rapide coup d'œil, pressé que j'étais de reposer, et le lendemain, dès l'aube, je poursuivais ma route. Je visitai le fort Penthièvre, Quiberon, chantés par Victor Hugo, et dont les noms rappellent le désastre des émigrés. Un petit bateau, frété pour le service de la poste, me conduisit à Belle-Ile-en-Mer. C'était ma première navigation. Elle fut excellente. Pas un souffle d'air, pas une vague. Mais au Palais, chef-lieu de l'endroit, un orage éclata qui me retint trois jours prisonnier. On n'a pas idée d'une plus abrutissante détention. Sauf les courtes heures des repas, je n'avais pour me distraire d'autre ressource que les souvenirs, bien peu nombreux encore, de mes premières étapes. Je repassai une infinité de fois dans ma mémoire Angers, Nantes, le Bourg-de-Batz, le Croisic, Pharamond et son curieux sujet; mais ce qui surtout, dans ces interminables heures d'inaction, alimenta ma pensée, ce fut mon singulier rêve de Carnac. Jamais je n'en avais fait d'aussi net. Il me semblait l'avoir vécu. Ces druides drapés suivant la tradition celtique, ces pierres colossales, ces rayons blancs de la lune mariés aux reflets rouges de l'incendie, loin de pâlir ou de s'effacer avec le temps, y puisaient au contraire plus de précision et de vigueur.

La suite du voyage tint, et au delà, les promesses du début. D'ailleurs, tout beau, tout nouveau. Les églises de Banalec, de Rosporden et de Saint-Ivry, les vieux remparts de Quimper, les rochers de Pen-Mark, la pointe du Raz, la mer Sauvage, les grottes de Crozon, les écueils fantastiques de Dinan et la vaste rade de Brest me causèrent tant de surprises, d'émotions, de ravissements, d'extases, que, rentré dans Paris et rendu à mes occupations sédentaires, j'en gardai longtemps une sorte d'ivresse. Ainsi la lumière qui vient de frapper nos yeux les éblouit encore dans l'obscurité. Eh bien, le croirait-on? tandis que peu à peu landes, rivages, clochers, navires, grands horizons, s'éloignaient, bleuissaient, repoussés par le premier plan des soins journaliers, un détail presque insignifiant, et qui avant tous les autres eût dû sortir de ma mémoire, y demeurait tenace et pour ainsi dire implacable : — ce rêve du champ des menhirs. Il tint, comme bien on pense, une grande place dans le récit que je fis à Pharamond de mon voyage.

J'avais retrouvé le sympathique camarade plus que jamais dominé par l'amour des sciences occultes. Maxwel, Fludd, Eslon, Mesmer, primaient, sur les rayons de sa bibliothèque, Balzac, Thiers, Alfred de Musset. Ma vision de Carnac lui causa une très forte impression. Il ne manquait jamais de m'en parler à chacune de nos entrevues, de me la faire de nouveau raconter, analyser, commenter. — « Écoute, » me dit-il un jour, « ce rêve-là n'est pas naturel, ou plutôt tu n'as pas rêvé suivant la commune acception du mot. Tu as vu, véritablemeat vu, non dans l'avenir, mais dans le passé. D'autres prévoient, tu *rétrovois,* faculté exceptionnellement rare. Nous allons, avec ta permission, tâcher d'en tirer parti. Assieds-toi là, que je te magnétise. » Je fis ce qu'il me demandait, mais il eut beau multiplier les passes, accentuer ses regards, impossible de m'endormir. — « Qu'à cela ne tienne, » reprit-il en écartant consciencieusement de ses mains le fluide dont il craignait de m'avoir pénétré. » Si tu n'es pas magnétisable, tu dois faire un très bon magnétiseur: tu transmettras à ton sujet les vertus que tu possèdes, et nous saurons par lui ce qu'il me semble difficile d'obtenir de toi. Veux-tu essayer sur Hortense? »

Aussitôt informée du désir de son cavalier, la docile *inamorata* vint gracieusement s'offrir à mon fluide. J'eus le bonheur de l'endormir sans beaucoup de peine, de la faire jaser, et même d'obtenir certains résultats que Pharamond déclara du plus rare intérêt. Elle nous raconta, par exemple, sur la fameuse retraite des Dix mille, un peu oubliée aujourd'hui, maints détails inédits dont nous fîmes vainement après la recherche dans Xénophon et ses commentateurs. On s'y serait servi de poudre à canon !... — « Elle ne manque pas de lucidité, » fit le camarade ; « mais il y a mieux, et si j'ai un conseil à te donner, c'est de mettre tes amis à l'essai. D'aucuns qui s'ignorent peuvent posséder des qualités merveilleuses, à toi de les découvrir, et qui sait si bientôt, réparant le désastre de la bibliothèque d'Alexandrie, tu ne seras pas en état de reconstituer toute l'histoire ancienne, de descendre même au plus profond des âges préhistoriques ? »

J'étais jeune, curieux et plein du désir de me distinguer. Si les grandes découvertes n'enrichissent pas toujours leur auteur, au moins leur assurent-elles la gloire. Je me mis immédiatement à l'œuvre. Mes amis intimes furent les premiers appelés au service de mes expériences. Ils s'y prêtèrent complaisamment, croyant que je voulais rire ; mais mon fluide n'agit sur aucun d'eux. Peut-être me connaissaient-ils trop : le prestige est fait de mystère. Je m'adressai à d'autres. Peu de jours se passaient sans nouvelles tentatives. J'y perdais un temps précieux. Des mortifications se joignirent bientôt à cet inconvénient : on commençait à se moquer de moi dans mon entourage, et j'eus lieu de soupçonner la sincérité de certains sommeils. Mais qu'importe! me disais-je, Christophe Colomb et Fulton eurent aussi, au début, leurs contradicteurs, leurs croix. Courage, et *go ahead*!

Le médium rétrospectif en était là de son apostolat quand s'ouvrit au Louvre l'exposition annuelle des tableaux. J'y courus des premiers, avide de contempler, dans la fraîcheur de leur vernis, les Marilhat, les Lapito, les Coignet, les Calame. Mais, parmi ces paysages, ô surprise, ô stupéfaction, que vois-je! Mon rêve de Carnac exactement reproduit. Voici les menhirs, les druides, éclairés d'un côté par les rayons blancs de la lune, de l'autre par les feux rouges du bûcher. Pas un détail omis, pas une pierre oubliée. Les mêmes gestes et les mêmes lumières. Je demeurais là, confondu, me livrant aux suppositions les plus osées, les plus absurdes, lorsque, à deux pas de moi, dans la foule, une voix s'écria tout à coup: — « Bravo, William! bravo, bravissimo! C'est on ne peut plus nature. Vous les avez donc vécus vos druides? — Vécus, vous dites bien, » répondit un particulier de haute taille et dont la tête dépassait tout entière le commun des mortels, « vécus! Vous savez combien j'ai le poncif en abomination. Un de vos poètes, Boileau, je crois, l'a dit, le vrai seul est aimable. Boileau a cent fois raison, et voici comment je m'y suis pris pour mettre sa maxime en pratique. L'automne dernier, pendant mon séjour à Carnac, un soir qu'il faisait clair de lune, j'ai enrôlé une douzaine de paysans, je les ai affublés de draps de lit, emmenés avec moi dans les pierres, et leur ai fait jouer cette scène des druides dont, grâce à la clarté concentrée d'une lanterne sourde, j'ai pu peindre sur place un croquis suffisamment serré. » Le *fiat lux* de la Genèse n'eut pas un effet plus prompt. Ainsi, ma vision n'avait pas été rêvée tout entière. Entre les deux fantasmagories de singes, de Teutons, d'hécatombes, mes yeux s'étaient ouverts et la perception établie. Seulement, au réveil, songe et réalité s'étaient brouillés dans mon souvenir. Et ces merveilleuses propriétés de médium rétrospectif, et ma puissance même de magnétiseur, qu'en devais-je croire désormais? Quel mécompte! quel écroulement!

On dut me prendre pour un fou lorsque, à peine entré et n'ayant eu le temps de regarder qu'une demi-douzaine de tableaux, je fendis brusquement la foule, descendis quatre à quatre les marches de l'escalier et courus tout d'une traite à la rue de Londres, où demeurait Pharamond. Le maître était absent, mais sa dame me reçut avec la bonne grâce accoutumée. J'attendais impatient le retour de mon camarade, lorsque soudain, au milieu des doutes qui m'assiégeaient, une idée méchante, infernale, me passa par la tête. — « Chère Madame, » dis-je d'un ton enjoué, « si, pour tuer le temps, nous faisions un peu de magnétisme! — Comme il vous plaira, monsieur. » Et, couchée dans son grand fauteuil, elle fut presque immédiatement endormie. Lors, au milieu de nos propos : — « Devenez insensible, tout à fait insensible, je le veux ! » m'écriai-je. Et, m'emparant d'une aiguille fixée à sa broderie, je l'en piquai au bras. Elle ouvrit tout à coup les yeux, se leva d'un bond rapide et courut précipitamment vers la porte. — « Ainsi, vous ne dormiez pas, » lui dis-je. Elle rougit, balbutia. Profitant de sa confusion, je la forçai d'avouer. — Jamais elle n'avait dormi que naturellement. Son somnambulisme était feint. Mais dans quel but? qui l'obligeait à jouer un pareil rôle ? Pressée de répondre, et d'ailleurs assurée de ma discrétion, elle raconta comment un soir, Pharamond, parodiant une pythonisse de carrefour, l'avait magnétisée pour rire; comment, elle aussi, pour rire, avait simulé le sommeil; comment, après, son seigneur ayant pris la chose au sérieux et paraissant s'y plaire, elle avait craint, en le désabusant, de lui causer de la peine. Que maintenant c'était une question capitale. Déçu, Pharamond ne manquerait pas de la congédier. Or, sans Pharamond qu'elle idolâtrait, le désespoir, le coup de tête.

J'ai toujours eu pour les illusions le plus grand respect. C'est d'elles qu'est fait le bonheur, sinon absolument, au moins quatre-vingt-dix-neuf fois sur cent. Je me gardai bien de troubler celui de Pharamond, et le confiant médium put jouir sans mélange des talents de son adroit sujet jusqu'à l'heure, arrivée l'année suivante, où les Destins, costumés en fièvre typhoïde, le ravirent à son amour. Mais *uno avulso non deficit alter;* des sujets de ce genre, il n'en manque pas dans Paris. Une très lucide Thérèse succéda à la simplement lucide Hortense, puis à la très lucide Thérèse une extra-lucide Augustine, et c'est plus que jamais pénétré de son omnipotence mesmérienne que Pharamond nous a, dans ces derniers temps, quittés pour un monde meilleur. Quant à moi, sans nier absolument le magnétisme, j'ai préféré laisser à d'autres l'étude d'une science aussi scabreuse qu'obscure.

IX

BERLIN.

Casaniers, partant ignorants, dit-on souvent des Français. Obstinément confinés chez eux, ils ne savent, pour la plupart, d'autre langue que la leur, et les plus simples notions de géographie leur manquent. — Aujourd'hui fondé, ce reproche l'était bien davantage encore il y a une trentaine d'années, avant l'établissement des chemins de fer. J'entrepris alors un voyage qui me permit de faire, à ce sujet, d'attristantes observations. A peine passé la frontière, dès Mayence, dès Bâle, dès Genève même, pour cent touristes étrangers, on ne trouvait, dans les hôtels, que deux ou trois Français. Et plus augmentait la distance, et plus la proportion diminuait. Si bien qu'à Dresde, à Leipzig, à Berlin, la trace de nos nationaux devenait insaisissable.

Et pourtant, que d'enseignements dans ces contrées limitrophes de l'agglomération germanique !

Et comme on y pouvait déjà aisément constater l'esprit de haine et la puissance d'organisation militaire qui devaient, un jour donné, nous devenir si fatals ! Je mets en fait que si, de 1815 à 1830, au lieu de vivre paresseusement entre nous, nous avions couru le monde, exploré surtout la Prusse, les choses se seraient passées autrement. Connaissant mieux nos ennemis, nous ne les aurions pas si étourdiment attaqués.

Les récits publiés dans ces derniers temps, par les ouvrages spéciaux et par la presse périodique, sur l'état actuel de Berlin, ne montrent pas que cette ville ait beaucoup changé depuis mon voyage. Je puis donc en parler aussi pertinemment que ceux qui l'ont récemment visitée. J'avais pour compagnon de route un ami de collège. Partis de Dresde le matin, nous arrivions le soir, en wagon découvert, perdus parmi des masses d'Allemands qui tout le temps n'avaient fait que fumer dans de grandes pipes de porcelaine, et descendre aux stations pour manger de gros morceaux en buvant d'énormes verres.

Après des centaines de kilomètres en pays plat, sans autre relief perspectif que de rares et chétives sapinières, ce fut pour nous un sujet d'étonnement et de plaisir tout ensemble que la vue de Berlin, dont les flèches, les croix et les coupoles dorées étincelaient aux rayons du soleil couchant. On eût dit une ville en feu. L'intérieur est moins agréable. Nous descendîmes à l'Hôtel de France, espérant au moins trouver là le langage et les coutumes de notre pays. Illusion ! Le *grosskellner,* ou chef des domestiques, est le seul parmi eux qui parle, ou plutôt baragouine un semblant de français ; et quant aux repas, ils sont outrageusement tudesques : potage blanchâtre, insipide, entrée de veau bouilli à la compote de poires, pudding précédant le rôti, pommes de terre en place de pain ; et pour boisson, nos vins de Bordeaux, de Bourgogne, il est vrai, mais se payant à part et d'une cherté fabuleuse. Au dessert, on nous présente le registre des voyageurs. Avant d'y consigner nos noms, nous feuilletons le volume. Il date de trois ans, et parmi des masses d'Anglais, d'Américains, de Russes, d'Italiens, pas le moindre compatriote.

L'Hôtel de France est situé dans le nouveau quartier Friedrichstadt, dont les rues, tirées au cordeau et se coupant à angle droit, n'offrent à l'œil de l'artiste que d'exécrables aspects. Nous avons hâte d'en sortir, et, le cigare à la bouche, nous dirigeons nos pas vers la Sprée. Mais le grosskellner veillait. Il court après nous, nous arrête, et d'un ton qui ne souffre pas de réplique : — « Défense expresse de fumer dans les rues quand sa majesté le roi est en ville. — Mais les étrangers... — Pour les étrangers comme pour les nationaux, c'est quinze francs d'amende. »

Le vieux Berlin nous dédommagea. Il ne manque pas de cachet avec ses monuments pseudogrecs et les statues qui les couronnent en tel nombre et si régulièrement que, de loin, on les prendrait pour des créneaux. Pas un entablement, pas un pignon, pas une frise où ne perche, en promiscuité, un peuple de héros prussiens et de divinités païennes : Blücher à côté de Vénus, le Grand-Électeur en face d'Achille, Guillaume auprès de Jupiter. Peu voilées, alors, ces académies, signe, suivant les moralistes, ou d'extrême innocence ou d'excessive impudeur. Croyons plutôt à l'extrême innocence. Mais quel triste fleuve, bon Dieu ! avec son filet d'eau bourbeuse et nauséabonde. La Sprée, l'Arno, le Mançanarès, en voilà des réputations usurpées !

Délicieux, l'*Unter-den-Linden*. Figurez-vous un large boulevard ombragé par six rangs de gros tilleuls âgés de plus de cent ans. Pour l'ordre et l'agrément de la circulation, chaque mode de transport a son allée spéciale : ici les voitures, là les cavaliers, au milieu et jouissant de la principale avenue, les piétons. Et puis, de tous côtés, des monuments, des palais : l'Académie, le Château royal, la porte de Brandebourg avec ses cinq entrées dont la plus grande, celle du milieu, est réservée aux seuls équipages de la cour. Mais quel infernal pavé, quels égouts infects! Ils s'entre-croisent à ciel nu, roulant leurs immondices dans des fossés béants qu'il faut à chaque instant traverser sur d'étroites passerelles.

Au bout des Tilleuls, après la porte de Brandebourg, est le jardin des animaux féroces (*Thiergarten*), forêt ou parc rappelant un peu notre bois de Boulogne. Un industriel nommé Kroll venait d'y construire un superbe établissement dont les salles de danse, de café, de concert, immenses galeries couvertes de vitrages, ornées de plantes exotiques et tapissées de lierre, de vigne vierge, de passe-roses et de convolvulus, nous mirent à même d'apprécier l'avantage, pour les pays froids, de ces jardins d'hiver, très communs, paraît-il, dans le nord de l'Europe, et dont Paris, jusqu'à présent, n'a connu que des imitations imparfaites. On dansait, mais gravement, lourdement, germaniquement. C'était ennuyeux à mourir. Aussi reprîmes-nous bientôt le chemin de notre hôtel où nous attendaient des lits impossibles. Qu'on se figure un drap unique, très étroit, et sur ce drap un édredon; il faut se blottir entre les deux et ne plus bouger sous peine de rester toute la nuit plus ou moins découvert. J'aurais préféré une botte de paille.

Le lendemain c'était dimanche. Nous avons eu le régal d'une parade militaire. Rien de raide, mais aussi rien de correct comme la tenue des soldats allemands. O Lorraine, ô Normandie, ô Touraine, ô moitié envahie de notre pauvre France, vous vous en souvenez! C'était déjà ainsi lors de mon voyage. Ils semblaient tous sortis du même moule. Pas un mouvement disparate, pas un œil distrait. On n'eût certes pas trouvé là ces « baïonnettes intelligentes » que commençaient à préconiser nos réformateurs. Nous admirions aussi les costumes. Le casque des fantassins, avec son fer de lance au sommet, nous plut comme un pastiche des morions du moyen âge. Celui des cavaliers nous ravit; il avait pour cimier un aigle d'argent. Tout cela brillant au soleil. Mon ami, garde national exercé, ne se possédait plus. Il poussait d'incessantes exclamations : — « Comme ils marchent bien! comme ils sont beaux! » Et puis plus bas, à mon oreille : — « On semble mépriser, chez nous, les Prussiens, les Saxons, les Bavarois et autres Allemands. C'est à tort. Plus unis, ces gaillards-là me feraient presque peur. »

Nous avions visité les églises, le musée, l'exposition, l'arsenal; on nous apprit que d'autres monuments, moins beaux peut-être, mais infiniment plus précieux, s'élevaient à l'extrémité sud du quartier Frédéric. Nous nous y fîmes conduire. C'est d'abord, en souvenir de Waterloo, une colonne de granit surmontée d'une statue de la Victoire. C'est ensuite, hors de la ville, au haut d'un monticule appelé Kreutzberg, une pyramide de fonte, décorée de génies triomphants et contenant, sur des cartouches dorés, douze noms parmi lesquels, en lettres majuscules : Leipzig, Paris, Belle-Alliance, Gross Grerschen. Au bas du monument se trouve, en outre, une inscription que le gardien nous traduisit ainsi : — Le roi à son peuple qui, à son appel, a offert avec joie son bien et son sang à la patrie. En mémoire des victimes, par reconnaissance pour les vivants, et comme exemple pour les races futures.

En retournant vers les Tilleuls, nous aperçûmes, auprès du corps de garde royal, un superbe canon trônant sur une espèce de socle et tout historié de jolis bas-reliefs. Comme nous l'observions avec attention, un jeune homme, nous prenant évidemment plutôt pour des Russes ou des Anglais que pour des Parisiens, nous dit que ce canon avait été rapporté de France à la suite des glorieux événements de 1814. Puis, gesticulant, et d'un air de défi : — « *Capout !* Français, *capout !* »

s'écria-t-il. La même exclamation nous avait été déjà faite quelques jours auparavant, sur le champ de bataille de Leipzig.

Un commis-voyageur belge, avec qui nous avions fait la route de Francfort à Gotha, puis d'Erfurt à Lutzen, et que nous venions de retrouver dans une *confiserie,* nous fit remarquer, sur les murs, une affiche annonçant, pour le soir, dans les jardins de Tivoli, un grand concert national. Nous ne pouvions manquer une si belle occasion d'entendre, pensions-nous, du Weber ou du Beethoven magistralement exécuté. Nous courons à Tivoli. De nombreux amateurs y étaient déjà réunis, mangeant, fumant, et buvant dans des verres plus grands que nous n'en avions encore vu. Chacun de ces verres pouvait bien contenir un litre. Et ce n'est pas seulement aux hommes qu'on les servait, mais aux femmes, mais aux enfants.

Le concert ne tarda pas à commencer. L'orchestre occupait une estrade décorée de tableaux représentant des batailles où, parmi vingt pavillons étrangers, tous brillants et triomphants, figurait, mais souillé, brisé, foulé aux pieds, notre drapeau tricolore. Au bas des peintures se déroulait une légende explicative : « Souvenirs de 1813, 1814 et 1815. » Le Beethoven espéré fut remplacé par un affreux charivari de clairons, de fifres, de grelots, de pétards et de coups de canon tonnant aux clartés de pièces pyrotechniques. A chaque pause le public applaudissait furieusement, les hommes cessant de boire, les femmes interrompant leur tricot ou leur caquetage, les enfants grimpant sur les chaises. Et, brochant sur le tout, des rires, des piétinements, des cris : — « *Capout! capout!* Français, *capout!* »

— « Je veux bien admettre, dis-je à mon ami, le canon du corps de garde royal, la colonne de Waterloo, ou Belle-Alliance, comme ils disent, le monument du Kreutzberg; nous avons bien, nous autres, à Paris, les trophées des Invalides, la colonne Vendôme, l'arc de triomphe de l'Étoile; mais ce qui me confond, c'est, après trente années de paix et d'oubli, cette fête. Est-ce que nous fêtons Iéna ? » Ce fut le Belge qui me répondit : — « Trente années de paix, d'accord; mais d'oubli, que non pas! D'ailleurs, ce que vous venez de voir n'est point précisément une fête. Ces hurlements, que vous preniez pour des cris de joie, ne sont que l'explosion d'une haine immense, haine héréditaire, et qui, loin de s'user en vieillissant, ne fera que s'accroître. Revenez dans dix ans, dans vingt ans, et vous les retrouverez criant plus fort que jamais : « *Capout! capout!* Français, *ca-*

pout! » Je les connais bien, allez; ma grand'tante, la plus rancunière des femmes, était de Breslau. »

Vingt ans après, au milieu des splendeurs industrielles et artistiques de l'exposition du Champ de Mars, entre les soieries de Lyon, les cotons de Manchester, les glaces de Saint-Gobin, les tableaux, les statues, les arbres et les fleurs, se dressait noir, énorme, sinistre, un canon, produit et envoi de la Prusse. Les philanthropes du congrès de la paix agitaient alors la question du désarmement, les poètes humanitaires chantaient la république universelle; partout régnait la confiance. Beaucoup de badauds s'amusèrent de ce canon, le traitèrent d'antithèse, de contre-sens, d'anachronisme. Pour qui l'avait vu chez lui, le peuple allemand, fêtant après trente années nos désastres, n'était-ce pas plutôt, de sa part, une menace, un défi ?

Nous ne le sûmes que trop tôt... Maintenant l'orage semble passé. Ils nous ont assez humiliés pour que leur convoitise et leur haine soient assouvies, devrions-nous penser. Gardons-nous-en bien ! Il est des passions qui défient toute logique. Ne nous rendormons pas, veillons, et, pour y aider, lisons, lisons et relisons le *Voyage au pays des milliards* et les *Allemands chez eux,* de Victor Tissot. Je voudrais que chacun apprît ces livres par cœur, qu'on les mît au premier rang dans toutes les bibliothèques scolaires. Puis, pour nos délassements touristiques, au lieu d'escalader la Jungfrau ou le mont Blanc, exercice aussi périlleux que vain; au lieu de porter notre argent mignon aux croupiers de Monaco ou de Bade; au lieu de suivre, acte d'ostentation plutôt que de piété, les pèlerinages de la Salette ou de Fourvières, — à Berlin ! à Berlin ! allons à Berlin !

X

CAVAIGNAC.

Peu d'hommes, après s'être acquis tant de titres à la reconnaissance de leurs concitoyens, après avoir, comme le déclara solennellement alors l'Assemblée nationale, « bien mérité de la patrie », se sont vus plus foncièrement et plus généralement haïs que Cavaignac. Les monarchistes détestaient ses opinions républicaines, les républicains reniaient le vainqueur des journées de juin. Aussi n'eut-il guère, pour le porter à la présidence, que les esprits modérés, espèce peu commune en temps de discordes civiles, et les fonctionnaires, dont les positions affermies, — ils le pensaient du moins, — par le maintien de leur chef de file, ne pouvaient que perdre à sa chute. Tandis que plus de cinq millions acclamaient, je ne dirai pas la personne, — elle ne s'était jusque-là révélée que par des côtés ridicules, — mais le nom prestigieux du héros de Strasbourg et de Boulogne, son concurrent n'obtenait, chiffre rond, que quinze cent mille suffrages.

Mon intention n'est pas de faire ici l'histoire de Cavaignac. Les Algériens le connaissent, et de reste, incessamment et glorieusement mêlée qu'elle se trouve aux annales de la conquête. Je veux seulement, sans sortir du genre adopté pour ces souvenirs intimes, raconter familièrement par quel étrange incident, sans avoir jamais échangé avec notre héros la moindre parole, je me suis trouvé, certain soir, honoré par lui d'une poignée de main.

L'insurrection était réprimée. Grâce aux déportations, grâce à l'état de siège, le calme régnait dans la rue. Mais la confiance ne revenait pas. Les magasins n'ouvraient, le jour, et n'éclairaient, le soir, leur devanture que pour la forme. Nul n'achetant, nul ne vendait. Malgré le retour de la mauvaise saison, tous ceux que des affaires urgentes n'appelaient pas à Paris restaient cois au fond de leur province. Plus de bals, plus de soirées; aussi, moins que jamais de commerce et d'industrie. Pour conjurer autant que possible ce désastreux état de choses, le gouvernement entreprit de suppléer au manque de réunions privées par une série de fêtes officielles, et, donnant, comme il convient, l'exemple à ses subordonnés, le chef du pouvoir exécutif annonça qu'il recevrait une fois par semaine.

Point d'invitations, par exemple. C'eût trop senti son vieux régime. Et puis, la crainte de refus mortifiants. Venait qui voulait. C'est ce qu'on a plus tard défini par le nom de « réception ouverte ». Mais, sauf les officiers, les fonctionnaires et les représentants diplomatiques, hôtes d'état, hôtes forcés, on ne rencontrait guère, dans les salons de la présidence, que de simples et trop simples gardes nationaux. La nouvelle de ces démocratiques agapes eut bientôt fait le tour de Paris. On racontait, les uns en s'en gaudissant, les autres en les déplorant, des scènes inouïes, des épisodes frisant le scandale : certaines épaulettes de laine militairement éconduites pour s'être, comment dirai-je, inconsidérément rafraîchies au buffet; les luxueux boudoirs souillés, des angles obscurs utilisés même, *proh pudor!* à la façon des colonnes rambutoïdes.

— « Il faudra aller voir cela, » me dit un jour Placide, ami très réactionnaire; « nous rirons. — Rire d'un gouvernement qui vient de sauver la France, qui vous a conservé vos biens et votre vie peut-être, ingrat! » répliquai-je. Puis, après réflexion : — « Je ne demande pas mieux que d'aller avec vous, croyez-le bien, non cependant pour nous moquer, mais pour donner, si petit qu'il soit, l'exemple du ralliement. Cavaignac mérite d'être soutenu : qui peut dire quel chef nous aurions après ! »

C'était réception le soir même. Nous résolûmes d'en profiter. Dès huit heures, j'étais prêt : habit noir, gants blancs, souliers vernis, enfin le grand *tralala*, comme disait précisément alors Alexandre Dumas. Placide ne se fit point attendre; mais, fidèle à ses principes d'intransigeance, — la chose existait déjà, le mot ne fut trouvé que plus tard, — il s'était contenté d'endosser son uniforme de garde national. Bien mieux, il prétendit nous faire aller à pied. — « C'est tout ce que méritent ces gens-là, » disait-il d'un ton dédaigneux. « Et puis, quel beau temps pour une promenade ! » Nous étions loin de compte; j'avais projeté la calèche. On composa, et, moyen terme, un modeste milord nous conduisit à l'hôtel de la présidence.

Cet immeuble était situé au faubourg Saint-Germain, dans la rue de Varennes. Une foule de gardes nationaux sans armes, serrés pêle-mêle comme des moutons, en encombraient les abords, ceux-ci poussant pour entrer, ceux-là se faufilant pour sortir. On eût dit un entr'acte à la porte d'un théâtre en vogue. La contremarque manquait seule. D'autres, moins impatients, emplissaient les cabarets voisins, buvant force bleu, cassant même la croûte, et se donnant, comme on dit vulgairement, une pointe, à cette fin, supposâmes-nous, de produire un meilleur effet dans les galeries officielles.

Une éclaircie nous permit enfin de pénétrer dans la cour. Nous montons l'escalier d'honneur, et nous voici dans le vestibule. Mon compagnon passait inaperçu. J'étais plus remarqué. Des individus s'arrêtaient même pour m'examiner. Ce fut bien pis encore à la porte du grand salon, et que j'y regrettai mon expédition généreuse ! Un huissier à chaîne d'argent s'élance à ma rencontre, me circonvient, m'enveloppe, m'entraîne, et d'une voix obséquieuse : — « Le nom de monsieur ? Qui monsieur veut-il que j'annonce ? »

Je ne me rendis point tout d'abord compte de cet empressement ; il ne me fut expliqué que plus tard. Bien que la réception durât depuis déjà au moins une heure, aucun personnage ne s'y était encore présenté. Pas le moindre dignitaire, pas le plus mince attaché de légation. Tous simples gardes nationaux, que l'on n'annonçait pas, et qui, se glissant plutôt qu'ils n'entraient, semblaient, avec leurs yeux effarés et leurs bouches toutes grandes ouvertes, n'avoir eu d'autre but, en venant, que de compter les bougies et de se mirer dans les glaces.

— « Inutile d'annoncer, » répondis-je en essayant d'esquiver l'importun. — « Mais, Monsieur, c'est l'usage. De grâce, le nom de monsieur ! » Un peu plus, il lâchait l'Excellence. Force fut bien de m'exécuter, et le nom obscur du barbouilleur de toiles, — je venais d'exposer mon premier tableau, — tonna comme ne fit jamais sûrement nom de prince ou de souverain. L'huissier se rattrapait.

Aux grands dangers les grands courages. Loin de perdre la tête, je m'arme de tout mon aplomb. D'un coup d'œil j'ai saisi les dispositions du champ de bataille : tout autour du salon, les gardes nationaux collés contre la muraille sur trois à quatre rangs d'épaisseur ; le milieu de la pièce vide, et au fond, devant la cheminée, — sans feu, car bien qu'on fût aux derniers jours du mois d'octobre, le temps était encore très chaud, — le maître de la maison, le général Cavaignac.

Qui ne le connaissait au moins de vue ! Nulle erreur possible. Je vais droit à lui pour le saluer, sans précipitation ni lenteur, dignement. Et lui, — me prit-il pour un autre, ou bien, comme l'huissier, ennuyé de poser, voulut-il étrenner coûte que coûte, ou bien plutôt n'eut-il d'autre but que de reconnaître la courtoisie d'un genre d'hôte encore si rare à la présidence, — le général s'avance à ma rencontre, répond à mon salut et me tend sa main largement ouverte. Puis, m'attirant près de la cheminée, il me présente à une dame que je n'avais pas remarquée tout d'abord, enfoncée qu'elle était dans les coussins d'une ottomane. La dame se soulève, — elle portait des fleurs ou des rubans ponceau dans sa coiffure, — s'incline légèrement et retombe lourdement au milieu de ses coussins. C'était la mère du général, la « Mer Rouge », suivant le sobriquet à la mode et dont s'amusait fort Placide.

J'avais énormément peur que la poignée de main ne fût suivie de quelques questions. On annonça, très à propos, d'éminents visiteurs. J'en profitai pour m'esquiver et me perdre dans le jardin de l'hôtel, où l'élite des jeunes virtuoses du gymnase musical, — supprimé depuis, — exécutait de délicieux morceaux, ouvertures, symphonies, romances, mais ni quadrilles ni valses, la soirée, en prévision probablement de l'abstention du beau sexe, n'ayant pas été annoncée dansante.

Vers minuit, faut-il cependant ajouter par respect pour l'exactitude et dans l'intérêt de l'histoire, l'aspect des salons s'était sensiblement modifié. Bien que les gardes nationaux, retenus par l'attrait des petits fours, du punch et de la galantine, y fussent encore en majorité, maints personnages de marque, reconnaissables à leurs rubans, à leurs plaques, voire à leur seul habit noir, entouraient le chef de l'État. Je pus remarquer, dans le nombre, le président de l'Assemblée nationale, Marrast, à qui ses cheveux bouclés, aussi blancs que s'ils eussent été poudrés à frimas, ses grands airs renouvelés du siècle de Louis XIV, avaient valu le qualificatif de marquis, mais que, par analogie plutôt de nom que de caractère, Placide se faisait un malin plaisir d'appeler Marat. Mon ami, toutefois, eut beau chercher dans les boudoirs incriminés, rien ne fut trouvé de suspect. O les passions politiques!

Le nom de Cavaignac, qui pendant six mois avait rempli le monde, parut, après le coup d'État, tombé profondément dans l'oubli. Le fracas du volcan, puis tout à coup, sans transition ni déclin, le silence de la tombe. Qu'était devenu l'ancien chef du pouvoir exécutif? Une fois, entre Paris et Melun, à la gare de Cesson, où nous étions descendus une douzaine de voyageurs, un léger mouvement de curiosité se fit parmi les groupes. On se montrait en chuchotant un monsieur pâle, maigre, vêtu d'une redingote noire et portant un crêpe au chapeau.

Je l'eus bien vite reconnu ; c'était Cavaignac. Il paraissait embarrassé de l'attention plutôt indiscrète que polie de ses compagnons de route. L'homme qui s'était fait une si grande place dans l'histoire contemporaine de son pays, et dont le pouvoir avait frisé la dictature, cet homme, quel qu'il fût, ne méritait-il pas un autre accueil ? Je le compris ainsi, et, saisissant au passage un regard que ses yeux errants laissèrent tomber de mon côté, je lui tirai mon chapeau. L'exemple est contagieux. D'autres voyageurs se décidèrent à m'imiter. Le général nous rendit avec empressement nos saluts ; un sourire effleura ses lèvres, sourire mélancolique et qui semblait dire merci.

Sa mort, arrivée peu de temps après, passa presque inaperçue. Placide daigna pourtant la saluer d'un regret. — « Au moins, » me dit-il un soir, en interrompant la lecture de sa *Gazette de France,* peu prodigue pourtant d'éloges pour les triomphateurs de l'époque, « Cavaignac était un honnête homme. »

XI

LÉON FAUCHER.

— « Descends, chère amie adorée, tu me fais peur. — Oh! je suis brave. — N'importe; la témérité n'est pas le courage. A quoi bon s'exposer inutilement? » Ainsi dialoguaient deux touristes que nous avions déjà rencontrés à Genève, au Montanvert, et que nous retrouvions sur les bords du Rhône, à quelques pas de Saint-Maurice. Il s'agissait d'une touffe de rhododendrons que la dame, malgré l'opposition de son cavalier, cherchait à cueillir au sommet d'une roche. Jeunes, agiles et galants, mon camarade et moi nous escaladons l'obstacle, et les rhododendrons lestement enlevés, nous les offrons à la dame.

L'heure du dîner sonna. Nous demeurions dans le même hôtel, nous y revînmes ensemble. Chemin faisant, le monsieur : — « Vous paraissez suivre le même itinéraire que nous. — Nous voyageons au hasard. — C'est un tort. Vous perdez votre temps à des bagatelles, et les vraies curiosités vous échapperont. — Si vous vouliez nous conseiller! — Comment donc! Mais mieux que cela, pourquoi n'essayerions-nous pas de voyager ensemble? A quatre on voit mieux qu'à deux, on est plus en force pour lutter contre la rapacité des aubergistes, et, notable économie, les frais de voitures et de guides, qui sont exactement les mêmes pour deux que pour quatre, se trouvent réduits de moitié. »

L'épreuve eut lieu le lendemain. Elle réussit au delà de toute prévision. On fit assaut d'égards, de courtoisie, d'amabilité, de gaieté. C'était à qui laisserait aux autres les meilleures places, offrirait son bras à la dame, perpétrerait les plus criminels calembours. M. Plantin, — ainsi se faisait nommer notre nouveau compagnon, — prit la direction de l'itinéraire. Un guide de profession ne s'en fût pas mieux tiré. Ses poches étaient bourrées de manuels, sa cervelle d'idées, son carnet de renseignements. Rien, grâce à lui, d'oublié qui méritât une visite, et chaque chose observée dans les meilleures conditions de temps et de perspective. Impossible d'imaginer ménagère plus entendue que Mme Plantin. Elle nous avait, à des prix d'un bon marché fabuleux, voitures, chevaux, chambres et repas.

On cherche rarement en voyage à connaître la position de ses compagnons de rencontre. Que la quote-part des politesses et des frais soit régulièrement payée, suffit; le reste importe peu. Nous ne tardâmes pas cependant à savoir, par quelques parenthèses tombées dans le torrent des propos, que nos partenaires étaient de très modestes bourgeois; que le mari, sans parler de la femme, avait eu des commencements difficiles, et qu'après avoir exercé les humbles fonctions d'instituteur, il écrivait pour plusieurs journaux, et notamment pour *le Siècle,* des articles de linguistique et d'économie sociale.

Huit jours de vie commune, durant laquelle nous visitâmes aussi favorablement que possible les curiosités du Léman, de Fribourg, de Berne et d'Interlacken, avaient déjà fait des quatre associés quatre amis. L'excursion aventureuse des pays alpestres, en aidant aux rapprochements, accrut encore notre intimité. Ici, pour routes des sentiers de chèvres, pour véhicules des chevaux souvent capricieux, et suivant le terrain, les circonstances ou la fantaisie, la marche en peloton, en file, à la débandade.

Juchée sur son « palefroi » dont un guide expérimenté tenait la bride, Mme Plantin ouvrait la marche. C'était une petite femme brune, frisant la trentaine, et qui, voyageant pour la première fois, trouvait tout admirable. De là un jet continu d'épithètes laudatives et d'exclamations passionnées. Ses extases, d'ordinaire, aboutissaient tantôt aux feuillets à tranche dorée d'un album qu'elle noircissait de croquis, tantôt aux pages bleuâtres d'un memento qu'elle mouchetait de notes.

M. Plantin venait après. Maigre, anguleux, les cheveux grisonnants et rigides comme des porte-plumes, il ne rappelait que fort vaguement l'Apollon du Belvédère. Cavalier médiocre, mais, par contre, prudent, il n'avançait qu'avec circonspection et lenteur. — « La jeunesse est confiante, la témérité n'est pas le courage, » exclamait-il à chacun des temps de galop que pour le stimuler ou le narguer, — enfants terribles ! — nous exécutions sous ses yeux. Chaussé de grandes bottes à double semelle, et son chapeau fixé sous le menton par un large ruban, il portait des vêtements imperméables. Aux heures de sécurité, alors que l'atmosphère était calme, le sentier net et Rossinante pacifique, on l'entendait citer La Bruyère, moduler Virgile et baragouiner grec.

Ingambes comme les facteurs ruraux, mon camarade et moi nous n'avions voulu pour nous deux qu'un cheval. Chacun devait le monter à son tour, mais il ne porta que notre bagage. Quelle plus agréable façon de voyager, en effet? Gravir à pied des pentes pittoresques, s'attarder, s'arrêter, stationner, repartir à souhait, dessiner çà et là rochers, sapins, chalets, cascades, boire aux torrents, picorer mûres et myrtilles, cueillir enfin, collectionner ces divines fleurs dont les espèces innombrables ont valu aux Alpes le surnom de paradis des botanistes ! Nous en enguirlandions Mme Plantin, nous en décorions son mari, son cheval, nous nous en surchargions nous-mêmes pour les classer à l'étape et les étaler dans nos herbiers.

On partait le matin au soleil levant. Après trois ou quatre heures de marche, on s'arrêtait pour déjeuner, soit à l'auberge, soit au bord d'un ruisseau, en vue d'un horizon de choix. Une seconde traite de cinq à six heures nous conduisait à l'étape du soir, splendide hôtel ou chalet rustique, suivant la localité; mais, hôtel ou chalet, c'était toujours la table immense abondamment garnie de potages copieux, de rôtis saignants, d'entremets délicats, avec les types divers, les costumes originaux et les jargons polyglottes de convives cosmopolites; c'était, aussitôt le dessert, car personne ne songeait à veiller, l'amusante diffusion par les escaliers, par les corridors, de voyageurs regagnant leurs chambres aux lits parfaitement propres, chaudement couverts, et dans lesquels, une fois couché, on ne se réveillait qu'à l'aube pour entreprendre de nouvelles courses et goûter de nouveaux bonheurs.

Nous avions ainsi parcouru les vallées de Lauterbrunn, de Grindelwald et de Meyringen, visité la chute du Staubach, le glacier de Rosenlauï, quand le temps, beau jusque-là, changea tout à coup et mit en plus complet relief, à notre malicieuse hilarité, le caractère éminemment prudent de notre ami l'économiste. La pluie nous ayant forcés d'accélérer le pas, son cheval trébucha. Voilà, pour si peu, le pauvre cher homme aux abois. Il lui fallut, comme à sa femme, un guide pour tenir la bride du quadrupède, qui, nonobstant, deux cents mètres plus loin, le jeta par terre. Supprimé dès lors le califourchon. M. Plantin ne se fia plus qu'à ses jambes, et c'est à pied, crotté comme un barbet, trempé jusqu'aux os, harassé de fatigue, qu'il atteignit, plus de deux heures après nous, l'hospice du Grimsel.

Nous y passâmes la nuit. Le lendemain, la montagne était couverte de neige. Nous nous faisions d'avance une fête de la descendre en traîneau, mais le chef de la caravane, M. Plantin, décida que, vu l'état dangereux des chemins, on attendrait le dégel. Force fut bien d'obéir. On se désennuya comme on put, mon camarade en se faisant galamment battre aux dominos par Mme Plantin, l'artiste en dessinant le mari, tout bardé de châles, de manteaux, de couvertures, et blotti comme un grillon dans l'âtre même où flambaient des stères de sapin.

Le second jour, la neige étant en partie fondue, nous quittâmes l'hospice et ses âpres solitudes pour rejoindre, sur les bords du lac des Quatre-Cantons, le doux été avec sa verdure et ses fleurs. Là, mollement bercés dans une excellente voiture, nous passions en revue des sites moins grandioses, il est vrai, mais plus romantiques, plus gracieux que ceux des plateaux alpestres. M. Plantin, ragaillardi et renchérissant sur notre admiration, les déclarait même infiniment supérieurs à tout ce que nous avait offert l'Oberland. — « C'est que dans l'Oberland tu étais à cheval, » lui dit en souriant sa moitié. — « Chère amie, diablesse adorée, » répondit moitié sérieux, moitié plaisant, l'économiste, « et vous aussi, messieurs les moqueurs, une fois pour toutes, croyez-m'en, la témérité, l'imprudence, la recherche des vains dangers n'ont rien de commun avec le courage. Le courage, c'est le péril, c'est la mort même bravée roidement, intrépidement, pour l'honneur ou pour la patrie, pour sa religion ou pour ses semblables. Lanjuinais criant au boucher Legendre : Fais décréter que je suis un bœuf, et tu auras le droit de m'assommer; Mlle de Sombreuil arrachant son père des mains des septembriseurs, Boissy-d'Anglas saluant la tête de Féraud, Laya faisant représenter en pleine Terreur son *Ami des Lois,* voilà le véritable courage. Avant de juger les gens, attendez de les voir à l'œuvre ! »

Quel dommage de quitter de pareils compagnons ! Il fallut pourtant s'y résoudre. De malencontreux engagements nous appelaient en Allemagne, tandis que le couple Plantin devait franchir le col du Splugen pour gagner Venise et Florence. Nos adieux furent des plus cordiaux. On se félicita mutuellement de l'heureuse rencontre, et l'on échangea la promesse de reprendre à Paris des relations si charmantes et si mal à propos interrompues. — « Nous déménageons en décembre, » nous dit d'un air embarrassé Mme Plantin, « et nous ne savons trop encore où nous habiterons après ; mais nous avons votre adresse, et vous n'attendrez pas longtemps notre visite. »

Un an, deux ans s'écoulèrent sans que ces beaux projets reçussent leur exécution. J'en avais déjà fait mon deuil quand la révolution de Février éclata.

Qui pouvait alors s'occuper de vaines réminiscences ! Je suivais fiévreusement, pour ma part, le cours des événements, et quand je vis tour à tour Lamartine, menacé par dix mille énergumènes, repousser le drapeau rouge, l'archevêque Affre tomber foudroyé sur une barricade en prêchant aux insurgés l'union et la concorde, Léon Faucher attaquer de front les ateliers nationaux et combattre pied à pied, au péril de ses jours, la faction socialiste, je me rappelai mélancoliquement le discours du timide M. Plantin sur le courage civil.

J'ai dit la curiosité qui m'avait, un soir, conduit à l'hôtel de la Présidence. Je voulus voir aussi les ministres. Leurs salons s'étaient rouverts après l'élection de décembre, mais n'y pénétrait plus qui voulait. Nous avions des amis en place, ils obtinrent pour nous des lettres d'invitation, lesquelles nous arrivaient de loin en loin, par la poste, sans qu'il nous fût toujours possible de reconnaître à quelles mains nous les devions. J'en reçus un jour une, très engageante, pour le ministère de l'intérieur. Un post-scriptum manuscrit y promettait un concert dont les artistes du Théâtre-Italien, hors ligne alors, devaient principalement faire les frais. Je me gardai bien de manquer une pareille occasion.

Tamburini, Lablache et l'Alboni chantaient un

trio quand j'entrai. La réception était comme suspendue ; les arrivants glissaient furtivement sur leurs pointes et, par discrétion, attendaient immobiles la fin du morceau pour se présenter au ministre. J'imitais leur réserve, quand soudain je crois voir, perdu dans un angle peu éclairé, un visage de connaissance. Mais oui, ce sont bien là les traits anguleux de M. Plantin. Je m'élance vers lui le plus silencieusement possible, je lui passe amicalement mon bras autour de la taille, et l'entraînant dans un boudoir : — « Félon, parjure, et, vos promesses ! — Ne les ai-je pas tenues ? — Comment, tenues ! Depuis notre séparation, pas le moindre signe de vie. — Et ma lettre d'hier ! — Quelle lettre ? — L'invitation qui sans doute vous vaut d'être ici maintenant. — Elle venait de vous ? Merci. Vous êtes donc de la maison ? » M. Plantin, à ces mots, me regarda d'un air étrange, et comme il ouvrait la bouche pour répliquer, nous fûmes interrompus par les applaudissements frénétiques qui saluaient la fin du morceau. Puis, les nouveaux arrivés, représentants du peuple, généraux, ambassadeurs, tous plus ou moins décorés et chamarrés, faisant précipitamment irruption dans le boudoir, vinrent saluer mon ancien compagnon de l'Oberland bernois, les uns s'inclinant très bas, les autres touchant avec un air de respect mêlé de satisfaction la main qu'il daignait leur tendre.

Je ne savais que penser. — « Pourquoi donc s'empresse-t-on de la sorte autour de lui ? » demandai-je à un voisin. — « Ne le connaissez-vous pas ? C'est Léon Faucher, le ministre... » J'avais à peine eu le temps de revenir de ma surprise que Léon Faucher, à son tour, me prenant la taille et m'entraînant à l'écart, m'expliqua, ce dont il m'avait cru instruit depuis des éternités, que, pour dépister la police autrichienne, qui, prévenue contre le rédacteur libéral du *Temps* et du *Siècle*, l'eût empêché d'entrer en Vénétie, il avait dû voyager sous un pseudonyme ; que la maladie, les affaires, la révolution, s'étaient, depuis, emparées de son temps ; mais qu'il s'estimait heureux de pouvoir enfin resserrer les liens de notre déjà vieille amitié.

Pour compléter la reconnaissance, il me conduisit auprès de la « chère amie adorée », qui, fêtée comme de juste, me tendit franchement la main et m'invita à venir le lendemain partager leur dîner de famille. Je n'eus garde d'y manquer. — « L'heureux temps que nous avons passé au Grimsel ! » me dit, au dessert, d'un ton de regret, le ministre, « et que Léon Faucher reprendrait volontiers la place et le nom de M. Plantin ! — Même à cheval ? — Même à cheval ! » Nos rapports se continuèrent, moins assidus certainement que dans les vallées bernoises, mais sincèrement affectueux, et plusieurs fois le haut fonctionnaire mit son crédit à ma disposition ; mais quelle position, quel traitement pouvait valoir à mes yeux la vie libre du voyageur à travers les beautés de l'univers pittoresque !

On sait que Léon Faucher termina sa carrière par un de ces actes de vertu et de courage civil que l'on remarquerait davantage si l'histoire de France en était moins prodigue. Lorsque Louis-Napoléon, après le coup d'État, répandit tout autour de lui, sur ceux dont il croyait le naturel corruptible, force dignités et faveurs, et que la plupart se sont empressés d'accepter, Léon Faucher repoussa avec éclat, d'une parole indignée, le haut rang qui lui fut offert. Ses forces, d'ailleurs, épuisées par les fatigues de la vie publique, lui conseillaient la retraite. Il y voulut reprendre ses travaux de cabinet, mais c'est à peine si sa main pouvait tenir une plume.

— « Vous auriez tort de vous laisser abattre, » lui dis-je un soir, ignorant la gravité de sa maladie. « Voyons ! un peu de courage. Si nous retournions au Grimsel... — Retourner au Grimsel, affaibli comme je suis, » répondit le moribond, « serait de la témérité, et aujourd'hui que je crois avoir fait mes preuves, vous me reconnaîtrez le droit de répéter cet axiome dont naguère, en ce délicieux voyage, vous aimiez tant à vous moquer : la témérité n'est pas le courage. Ce ne sont pas les âpres glaciers de l'Oberland qu'il me faut, c'est le doux soleil de la Provence. » Nous touchions à la fin de 1854. Il partit effectivement quelques semaines après pour Hyères, mais il n'y put même arriver.

XII

LA FIN DU MONDE.

Vers la fin du règne de Louis-Philippe, ayant formé le projet de prendre des leçons de peinture chez Calame, je me rendis à Genève. Mon premier soin fut d'y chercher un gîte plus commode et surtout moins dispendieux que celui des hôtels. Je trouvai ce qu'il me fallait dans la rue des Allemands-Dessous, non loin de la Corraterie. C'était une maison meublée, avec table d'hôte à l'usage exclusif des locataires, et de prix si discrets qu'ils sembleraient aujourd'hui fabuleux. Pour quatre-vingts francs par mois, on avait, outre la pension, très saine et très copieuse, une chambre propre, agréable et dont les fenêtres donnaient sur des jardins pleins d'ombrages.

L'hôte, M. Carabit, était le meilleur homme du monde. Inspecteur adjoint des études, il passait la plus grande partie de son temps dehors;

mais nous l'avions aux heures des repas, et ces rapides entrevues suffisaient pour nous édifier sur l'excellence de son caractère. L'esprit orné, le sens droit, il discourait sur toute chose avec autant d'érudition que de finesse. Sa femme, fort belle encore, était le type accompli de la ménagère. Économe avec intelligence, attentive sans indiscrétion, elle gouvernait si bien son petit royaume que jamais chambre n'y restait plus d'un jour sans locataire. Mme Carabit n'excellait pas seulement dans le soin des appartements et dans la direction de la cuisine, elle se distinguait de plus par un esprit aimable et cultivé. Ses reparties n'étaient pas moins goûtées que ses compotes. Que de fois, au dessert, retenus par le charme de sa conversation, n'avons-nous pas oublié visites et promenades pour demeurer plus longtemps auprès d'elle ! Leur fille unique, Antonine, était une délicieuse créature, jolie comme les anges, blonde comme les épis, aux yeux bleus du ton des pervenches. Toujours vive, empressée, souriante, elle faisait la joie de la maison.

J'ai vécu dans cet intérieur six mois dont le souvenir est resté l'un des plus heureux de ma vie. Devenu le pensionnaire favori, presque l'ami de ces braves gens, je passais avec eux le meilleur du temps que ne me prenait pas l'atelier. Souvent même, le soir, au lieu d'aller dessiner des académies, je leur tenais compagnie autour du grand poêle, et les longues veillées d'automne s'écoulaient comme des minutes à jouer au boston, lire en commun quelque bon livre, ou raconter des histoires. Le dimanche, quand il faisait beau, nous allions nous promener en voiture. On connaît la variété des environs de Genève. Les Pâquis, les Eaux-Vives, les bords de l'Arve et du Rhône, Carouge, Fernex-Voltaire, nous servaient tour à tour de but, et nous rapportions de ces courses autant de croquis et de plantes que d'appétit et de santé.

Un de nos commensaux, employé des contributions, charmant jeune homme que, par sympathie, nous appelions Manuel tout court, faisait habituellement partie de notre heureux petit cercle. Il aimait Antonine, qui le payait de retour, et comme, d'autre part, les conditions de grande honorabilité et de modeste aisance semblaient réciproques, leur mariage était résolu; mais, attendu l'extrême jeunesse de la fiancée, il ne devait avoir lieu que dans quinze mois au plus tôt. Premier confident de Manuel, j'avais été l'instrument des accordailles; aussi, lorsque arriva l'époque fixée pour mon retour en France, ne me laissa-t-on monter en voiture qu'à l'expresse condition que je reviendrais pour la noce.

Le Léthé des poètes, le lotos des anciens, n'enlevaient pas mieux la mémoire qu'aujourd'hui la vie parisienne. Allez donc, au milieu de ce concours tumultueux d'affaires et de plaisirs, vous rappeler la fraîche idylle des montagnes ! Aussi avais-je déjà presque oublié le roman ébauché sous mes yeux à la pension Carabit, lorsque, trois ans après, les destinées du voyageur me rappelèrent à Genève. Ma première visite fut, comme bien on pense, pour la rue des Allemands-Dessous. Je retrouvai facilement la maison, mais elle n'était plus habitée que par le maître inconnu d'un magasin d'horlogerie. Ses prédécesseurs, m'apprit-il, avaient depuis huit mois quitté la ville pour le village de l'Ile-d'Or, où ils demeuraient maintenant.

On compte tout au plus deux lieues de Genève à l'Ile-d'Or. Je m'y rendis aussitôt. Lorsque, d'après le temps écoulé depuis mon départ, je pus me croire arrivé, mes yeux scrutèrent avec attention les villas répandues à profusion dans la campagne. Celle de M. Carabit devant être, pensais-je, en rapport avec la médiocre fortune d'un maître d'école en retraite, je sonnais de préférence à la porte des habitations de la plus modeste apparence. Mais personne ne connaissait, même de réputation, mes anciens hôtes. — « M. Carabit, » repartit enfin avec un singulier sourire une dame qu'en dépit de cause j'interrogeai sur le seuil même de son manoir, « M. Carabit, mais c'est ici tout près; tenez, entre les arbres, ce château dont on aperçoit les tourelles. »

M. Carabit dans un château! Et pourquoi pas, si, comme à Naples, palais, château, veut dire, en Suisse, cassine, maison bourgeoise? Mais non, c'était un vrai château : perron, ailes, corps de logis, allées sablées, parc enfin, avec bancs, tonnelles et pavillons; tous les diagnostics du genre. O mystère! Apprêtons-nous à tout. Je rassemble les bouts de ma cravate, j'arrondis en y passant le poing le dôme bossué de mon feutre, je marche quelques pas dans l'herbe pour épousseter mes chaussures, et, les lèvres préparées au plus cérémonieux bonjour, je fais résonner discrètement le timbre de la grille. Un laquais galonné vint m'ouvrir et m'introduisit dans un salon. Là, des meubles variés de forme et de couleur, divans de soie, bahuts sculptés, guéridons couverts d'albums, consoles chargées de statues et de futilités précieuses, garnissent le parquet, lui-même rehaussé de délicates mosaïques. Quelques tableaux parent les murs. Un lustre artistique, étincelant de dorures, tombe d'un plafond peint que soutiennent quatre cariatides. Mais la plus somptueuse décoration, c'est un grand orgue de Boule dont le buffet embrasse tout un panneau.

Je me perdais en conjectures, lorsque, jetant par hasard les yeux dans la pièce voisine, très vaste, j'aperçois une table mise. Vingt-cinq ou trente couverts de belle porcelaine y faisaient cercle autour d'un menu que des cloches d'argent recélaient encore. Des serviettes pliées dans des rouleaux de fantaisie accompagnaient chaque couvert. Lumière ! enfin tout s'explique. M. Carabit, en quittant, pour ce palais fastueux, son pauvre local de la rue des Allemands-Dessous, n'a pas sensiblement changé d'état. Il tient toujours pension. Voici la table d'hôte. Sa clientèle seulement doit s'être quelque peu modifiée. On n'y trouverait probablement plus de pensionnaires à quatre-vingts francs, mais des lords, des boyards, des princes, voire des têtes découronnées, comme ce siècle capricieux en a déjà tant jeté sur les grands chemins de l'exil.

Ces réflexions furent interrompues par l'entrée de M. Carabit. L'excellent homme me prit les mains, qu'il serra affectueusement, puis, abrégeant les compliments d'usage, il me fit asseoir, et, d'une voix solennelle : — « Je vais, » me dit-il, « parler de choses excessivement graves à un homme sérieux que j'estime et que j'aime. Il me faut toute son attention, comme je lui promets, pour ma part, tout l'amour et le dévouement dont cœur humain est susceptible. » Quel début! un malheur, sûrement; quelque voisin vient de mourir, pensai-je : un crime a eu lieu ce matin dans le pays, dans la maison, et j'en suis le premier confident. — « Les choses d'ici-bas n'ont qu'un temps, » reprit M. Carabit, « l'autre monde est éternel. C'est donc à notre salut, à notre suprême salut, qu'il faut surtout songer. Amendez-vous! amendez-vous! De grands événements se préparent. Ce siècle, que dis-je, cette année même en doit être irrévocablement témoin.. Dieu va se mêler d'une manière plus directe aux affaires de l'humanité. Les juifs touchent à l'instant de leur réhabilitation. Les prophètes déjà surgissent de toutes parts, annonçant la fin du monde. — La fin du monde! » me récriai-je. — « La fin du monde! Et Genève, l'illustre Genève, la cité sainte de Calvin, la bien-aimée du Christ, Genève va devenir, de par l'intention manifeste du Sauveur, le centre d'émission de la grande nouvelle, avec moi, trop heureux pêcheur, pour organe spécial de la volonté divine. »

Puis, me montrant du doigt, sur un bureau de

palissandre, des piles de volumes et de manuscrits : — « Voici les documents authentiques, les témoignages sacrés de la révélation prochaine. Pas un chapitre de ces livres, pas une ligne, pas un mot qui ne m'ait été dicté par Jésus. — Mais quel moyen emploie-t-il pour communiquer avec vous ? — Une table, une simple table, mobile sur son pivot, avec les vingt-cinq lettres de l'alphabet et les dix chiffres monogrammes, incrustés tout à l'entour, sur le bord. Une tige, fixée au pied, se recourbe en formant aiguille à la hauteur des caractères. Vienne l'heure des pieux entretiens, la table tourne d'elle-même, s'arrête par la grâce du Très-Haut, et je relève à mesure les lettres ou les chiffres trouvés sous la pointe de l'aiguille. De ce travail sont nées toutes les œuvres que voici. — Vous me permettrez bien d'y jeter un coup d'œil. — Comment donc ! mais bien mieux, je prétends vous en offrir une douzaine d'exemplaires. Vos amis en profiteront. Regardez : édition de luxe, papier de Hollande, caractères magnifiques. On ne saurait trop honorer la parole du Seigneur. Avez-vous remarqué ce tableau ? Un chef-d'œuvre ! — Certes. — Eh bien, celui qui l'a peint n'avait jamais auparavant manié ni crayons ni brosses. Collaboration de la table ! Ce n'est pas tout. Nous composons aussi des chants délicieux. Voyez ces cahiers de musique : *Écho de l'empyrée, Voix du ciel, Harmonies divines.* Et nous ne savions pas une note. Collaboration de la table ! »

Les tables tournantes n'étaient encore, à cette époque, que très peu connues, et je n'en avais jamais, pour ma part, entendu parler que comme d'un badinage. Aussi ne me gênai-je pas pour traiter en moi-même mon ami de fou. Quel malheur pour la famille, pensai-je, quelle désolation surtout pour cette pauvre Mme Carabit !... Je m'attendais à la voir pâlie, maigrie, vêtue de noir. Elle entre sur ces entrefaites. O surprise ! les ans l'avaient rajeunie. Grassouillette, vermeille, souriante, elle s'élance vers moi et me tend la joue pour que je l'embrasse. — « Que je suis heureuse de vous revoir après une si longue absence ! Vous allez dîner avec nous. » Et, ce disant, elle me montre la salle à manger, où déjà, par toutes les portes, arrivaient les consommateurs : vénérables vieillards, beaux jeunes gens, mères parées, suaves jouvencelles, le personnel enfin d'une table d'hôte aristocratique. Je m'excuse, ayant d'autres heures ; mais qu'à cela ne tienne, mes bons amis n'y perdront rien, je vais les attendre dehors en me promenant dans les allées du parc.

Celui-ci tient largement les promesses du premier coup d'œil. Ce ne sont, parmi les ombrages, que meubles élégants, installations ingénieuses. Ici, des cibles, un gymnase, des pavillons de repos ; là, des chevaux de bois, des quilles, une escarpolette, et, se balançant avec grâce sur les eaux clapotantes d'un petit port, une réduction de steamer avec ses mâts, sa cheminée et ses roues en miniature. Je suis encore à m'étonner de ces aménagements luxueux, me demandant combien de louis doivent payer par jour les élus de cette fortunée résidence, lorsque, au tournant d'une pelouse, je suis rejoint par Mme Carabit. Nous nous asseyons sur un banc, et je commence par m'informer de la santé de son mari. — « Mais il va le mieux du monde, » me répond avec une épouvantable candeur mon aimable interlocutrice, « et Dieu puisse le maintenir en même état jusqu'à l'accomplissement de notre œuvre. — Quelle œuvre ? — La préparation du genre humain à la venue du dernier jour. M. Carabit ne vous a-t-il pas expliqué ?... »

Comment, elle aussi ! Je coupai le fil de cet affligeant radotage. Peut-être, sous d'autres points, la raison avait-elle gardé son empire. — « Votre fille est sans doute mariée maintenant. Cet employé des contributions me semblait un bien bon jeune homme. — Elle a voulu se dévouer comme nous. Et puis, pour si peu de temps qu'il nous reste à vivre ! Tenez, la voilà qui vient. » Autant que j'en pus juger par son air grave et son pas mesuré, Antonine n'était plus la joyeuse enfant d'autrefois. Avait-elle pris la fin du monde au sérieux, ou pleurait-elle dans son cœur un célibat accepté moins par conviction que par obéissance ? Qui l'eût osé demander ! Son père lui donnait le bras. Ils s'approchèrent de nous, tandis que les dîneurs, sortis de la salle à manger, folâtraient par les allées du parc. — « Voici, » dis-je, « vos pensionnaires en promenade. — Nos pensionnaires !... Où donc vous croyez-vous ici ? Mais nous sommes chez nous, on ne peut plus entièrement chez nous. Tout ce monde est soit de nos amis, soit de notre famille. Ils se sont joints à nous pour le triomphe de l'œuvre. Tenez, voilà là-bas, sous la treille, mon neveu, celui qui peint; et, plus près, devant le kiosque ornithologique, ma filleule, celle qui fait, sous la dictée du Sauveur, la musique de notre orgue. Ce monsieur qui lui parle est un étranger si riche de fluide que nous l'avons invité à partager notre gîte et à concourir avec nous au salut de l'humanité. — Ce château vous appartient ?—Non, nous l'avons loué jusqu'à la fin du monde, c'est-à-dire jusqu'au mois d'octobre. Mais vous-même, que faites-vous maintenant? Dessinez-vous toujours? flânez-vous encore? — Je n'ai cessé d'aimer ni les beaux-arts ni les voyages, et, tel que vous me voyez, je suis en route pour Naples, où je vais explorer Pæstum, que je ne connais pas encore, et peindre des vues d'Ischia. »

Ici, mes spirites se consultèrent à voix basse. Ils semblaient frappés tous deux d'une inspiration commune ; leurs yeux brillaient, leurs visages resplendissaient. — «Cher monsieur, » dit enfin en se tournant vers moi la bonne Mme Carabit, « nous vous aimons vraiment trop pour vous laisser ainsi perdre votre âme. Si nombreux que nous soyons déjà dans la maison, vous pourrez y loger avec nous, et, guidé par nos soins, initié par nos leçons, vous arriverez purifié devant le tribunal de Dieu. Qu'importent Ischia et Pæstum auprès du royaume céleste ! Et ne pouvez-vous sacrifier un plaisir de quelques semaines au bonheur de l'éternité? Réfléchissez, les temps sont proches ! »

Un incident suspendit l'épilogue de ce mirifique sermon. C'étaient des jeunes gens qui, vêtus en marins d'opéra-comique, venaient nous inviter à prendre place sur le steamer dont la cheminée lançait déjà dans l'air des tourbillons de vapeur. On devait traverser le lac et chanter en chœur des barcarolles rimées par les tables tournantes. Je saisis cette occasion pour prendre congé de la compagnie. Mille pensées m'assiégèrent sur la route de Genève. Problème sur problème, énigme sur énigme vraiment, que ce château de l'Ile-d'Or. Ce n'était point une pension bourgeoise, soit; mais peut-être bien était-ce un hospice d'aliénés. On a vu de ces maisons qui, destinées aux riches clientèles, frisent le nec plus ultra du bon goût et de l'opulence.

Je n'ai su que longtemps après, par Manuel, le secret et le dénouement de cette étrange aventure. Nul n'ignore aujourd'hui les ravages de toute nature exercés, dans l'origine, par l'invasion des tables tournantes. Ces tables qui, non contentes d'endoctriner les ignorants, les sots, les superstitieux, s'attaquaient même de préférence aux gens de cœur, de savoir et d'esprit, n'avaient fait, comme on dit vulgairement, qu'une bouchée de M. Carabit. Sectaire convaincu, médium fervent, il avait commencé par convertir autour de lui sa femme, sa fille et plusieurs amis. Puis, éclairé, prétendit-il, par des lumières incontestables, guidé par des ordres d'en haut, il avait changé en billets de banque et en or monnayé sa fortune, composée tout entière d'économies lentement amassées et prudemment placées sur bons gages hypothécaires. Ces valeurs une fois en poche, il avait quitté la rue des Allemands-Dessous, congédié ses pensionnaires et loué pour un an le beau château de l'Ile-d'Or.

Là, vivant avec luxe, donnant des repas, des concerts, roulant calèche et bateau à vapeur, faisant imprimer à grands frais les prétendues révélations du Christ, de la Vierge et des saints avec lesquels son guéridon le mettait en rapport, il avait attiré, sans peine, comme on imagine, ses parents, ses amis et tous les amis de ses amis que pouvait contenir cette église d'un nouveau genre. Nulle dépense, nul éclat n'étaient à son gré superflus dès qu'il s'agissait d'appeler sur sa mission providentielle le regard des populations; et le confort de son intérieur avait eu moins pour but de rendre agréables les courts instants qui lui restaient à vivre que de grouper autour de sa parole et de diriger dans la voie du salut ses proches et ses connaissances.

Le lendemain du jour prédit pour la fin du monde, le soleil, se levant non moins gaillard que d'ordinaire, avait éclairé le dernier sou des Carabit. La famille spirite, complètement ruinée, était allée chercher fortune, ou plutôt crier famine à Paris. M. Carabit, après avoir vainement sollicité partout, dans les bureaux des ambassades, à la porte des magasins, un emploi si mince qu'il fût, s'était, par une nuit noire, laissé tomber accidentellement dans la Seine. On avait retrouvé son corps sur les dalles de la Morgue. Antonine était morte de langueur en prononçant le nom de son fiancé. Souffrante, à moitié folle, la mère avait été recueillie par un vieil oncle du canton de Vaud. Quant à la tourbe des cousins, des neveux, des amis, fidèles compagnons des heureux jours, ils avaient, suivant l'usage, tourné le dos au malheur.

XIII

A NAPLES.

Qui ne se rappelle combien, alors qu'il était le plus vulnérable, se montra fier et arrogant ce petit royaume des Deux-Siciles que la seule approche de Garibaldi devait suffire à renverser! Les puissances avaient beau protester contre un gouvernement qui semblait prendre à tâche de rappeler, en plein XIXe siècle, les barbaries du moyen âge, *Bomba* se moquait des puissances, et, malgré l'imposant appareil de leurs ambassades, consulats, légations et chancelleries, les étrangers, dans ses États, n'étaient pas mieux traités que les Napolitains. Il parut même un instant qu'on les molestât de préférence. Lorsque, pendant l'été de 1850, j'allai avec Samuel, compagnon attitré de mes premiers voyages, explorer le séjour mythologique de Parthénope et la patrie de Salvator Rosa, il n'était bruit que des violences récemment exercées sur deux touristes français. Quelque chose d'inénarrable. Nous n'y voulions d'abord pas croire. Il le fallut bientôt néanmoins, et, qui pis est, à nos propres dépens.

C'était le soir, assez tard. Nous sortions fatigués de la Villa-Réale. Une voiture stationnait sur la place Vittoria. Nous y montons. — « Cocher, hôtel de New-York. » Le cocher fouette son cheval. Au même instant, deux individus armés de bâtons se précipitent vers nous, et, s'adressant à l'automédon : — « La voiture, pour le général ! — Elle est prise. — N'importe. Renvoyez ces gens-là. — Comment dites-vous ? Ces gens-là ? » riposte Samuel qui savait assez d'italien pour les conversations de ce genre. « Eh bien, ces gens-là resteront. La voiture est publique, elle appartient au premier occupant. — Ah ! des Français, des canailles de républicains ! » vocifère un des compétiteurs, fixé par notre accent sur notre provenance nationale. Et, levant un bâton, il en frappa vigoureusement le raisonneur. Nous n'étions point armés. Samuel saute à terre et se sauve. — « Fuyons ! » me crie-t-il. Mais je viens d'apercevoir un soldat ; je descends plus dignement et je marche droit sur lui : « Vous voyez, on nous attaque ; protégez-nous. » Loin de là, il tire son sabre et m'en menace. Au même instant un coup furieux m'est asséné par derrière, et je tombe évanoui.

Je repris mes sens au milieu d'un cercle de particuliers attirés par le bruit. Deux d'entre eux me frappaient dans les mains, Samuel m'aspergeait d'eau froide. La voiture en litige avait disparu, mais une autre vint bientôt, que personne ne nous disputa, et qui nous reconduisit à l'hôtel. On devine aisément quelle nuit nous y passâmes. Bien que fortement contusionnés, ce qui nous cuisait le plus c'était bien moins notre peau que notre amour-propre. Des citoyens français battus comme des chiens! Nous allâmes, le lendemain de bonne heure, porter plainte à notre consul, un galant homme, très zélé, très affable, appelé M. Defly. L'affaire lui parut d'autant plus grave qu'elle intéressait notre caractère national. Une réparation nous était due. Il voulut bien la demander; mais l'obtiendrait-il? Tant de fois ses réclamations avaient échoué! Nous insistâmes. Une lettre minutée et calligraphiée séance tenante traduisit alors nos griefs en style diplomatique, et nous fûmes chargés de l'aller nous-mêmes remettre à Son Excellence le commandeur Peccheneda, ministre directeur de la police.

L'antichambre était pleine. Plus de cent individus s'y pressaient attendant leur tour d'audience.

Un huissier prit notre dépêche que signalait à son attention son grand format et son cachet de cire rouge. Moins de deux minutes après, le ministre en personne venait nous inviter à passer dans son cabinet, et là, humblement posé sur le rebord d'une simple chaise de paille devant le sopha d'honneur qu'il nous avait forcés d'occuper, l'air obséquieux, patelin, il écouta notre déposition. Puis, tout à coup, s'agitant, tressautant, appelant, sonnant, il mit en l'air des masses d'employés. L'un d'eux fut chargé de nous conduire à la justice de paix du quartier Saint-Ferdinand, théâtre de l'attentat.

Là, déjà prévenu, nous attendait, dans une espèce de tribune, un gros homme en robe noire. Ce magistrat tâcha d'abord de nous intimider : — L'accusation était grave, il fallait des preuves; à nous de les fournir, ou sinon gare la prison! N'avions-nous pas exagéré certains détails? Frappés... touchés seulement, peut-être. Et par qui? par quelque ivrogne apparemment. La belle affaire! Nous tînmes bon, menaçant de retourner au consulat. — « L'enquête alors! » reprit le juge, et faisant approcher un individu qui s'était, pendant le colloque, tenu discrètement à l'écart, il nous enjoignit d'aller avec lui reconnaître les lieux. Nous devions ensuite nous présenter, à dix pas de là, chez le général Statella, savoir de sa bouche si, comme nous avions eu l'audace de le supposer, c'était bien pour son usage qu'on était venu chercher la voiture.

Nouvelles courses par les rues de Naples avec un nouveau compagnon. Celui-ci marche crânement, le chapeau sur l'oreille, un bâton noueux à la main, comme notre assommeur de la veille. Si c'était lui... Mais quelle idée ! Il tremblerait d'ailleurs, tandis que celui-ci semble nous narguer. Place Vittoria : — « C'est là, dites-vous, qu'on vous a frappés. Pas possible ! Vous rêviez. » A l'hôtel du général : — « Ou vous êtes des malappris, ou vous ignorez les lois les plus élémentaires de la politesse. On n'entre point ainsi sans lettre d'audience chez le premier dignitaire du royaume. Et puis, il faut l'habit noir, les escarpins, le gibus. » Nous nous adressons au concierge : — « Le général ! — Il déjeune. — Nous attendrons. » Une heure après : — « Le général ! — Il dort. » Que faire ? Attendre encore ? — « Allons plutôt nous promener, » insinue l'intermédiaire ; « nous prendrons une voiture, je vous ferai visiter le tombeau de Virgile et la grotte de Pausilippe, excursion délicieuse. »

Ce parti pris d'entraver l'enquête confirme à la fin nos soupçons. Le sacripant s'en est aperçu,

et le voilà qui, faisant succéder sans transition l'humilité à l'audace, baisse la tête, joint les mains et tourne vers nous des yeux suppliants ; mais, dégoûtés de tant de vilenie, et ne sachant d'ailleurs à quoi nous en tenir sur le rôle ambigu de ce juge de paix du quartier Saint-Ferdinand, nous arrêtons une voiture au passage, grimpons dedans et reprenons le chemin de la police. Le commandeur Peccheneda nous y reçut avec autant d'empressement et d'urbanité que le matin. Après avoir attentivement écouté le récit de notre expédition :
— « Suffit maintenant, très estimables messieurs, » nous dit-il ; « retournez à vos affaires, à vos plaisirs, et j'ai tout lieu de croire qu'avant peu vous serez à même de témoigner que cette police de Naples, si souvent critiquée, n'est pas plus mauvaise qu'une autre. »

Le lendemain, en effet, comme nous allions sortir, un domestique de l'hôtel vint nous annoncer qu'une femme demandait instamment à nous voir. Qu'elle entre ! allions-nous répondre. Elle était déjà derrière nous, pleurant, se lamentant, baisant nos vêtements, se prosternant, se roulant à nos pieds. — Son mari, le cocher de la fatale voiture, venait d'être enfermé à la Vicaria, la pire des prisons de Naples. Grâce pour lui ! — Et pourquoi pas ? Nous n'avions rien à reprocher au cocher. Sur les instances de la malheureuse, nous courûmes avec elle à la Police, et tandis que le commandeur, prévenu par l'huissier, accourt au-devant de nous et nous introduit dans son cabinet, nous la voyons qui s'agenouille et se met à prier avec force sanglots, contorsions et signes de croix. — « Messieurs, » nous dit, plus empressé, plus mielleux et plus souriant que jamais, Son Excellence, « je m'estime heureux de pouvoir vous en donner le premier la nouvelle : justice vous est faite. Le gouvernement de Sa Majesté a voulu qu'une réparation éclatante vous soit accordée. Les hommes qui vous ont frappés étaient deux ordonnances du lieutenant général Statella. Chargés de lui quérir une voiture, ils se sont rendus coupables d'un excès de zèle qu'ils vont expier chèrement. Trois ans de galères. Le soldat qui vous a menacés de son sabre était un vétéran, régisseur du palais qu'habite le général. On l'a coffré pour le restant de ses jours au château de l'Œuf. — Fort bien, » interrompis-je, « mais ce pauvre cocher... — Le cocher est le plus coupable. Il aurait dû prendre votre défense. La Vicaria ne le lâchera pas de sitôt, si même jamais elle le lâche. Nous ne saurions trop faire pour la sécurité et le bien-être de nos hôtes. Les Français surtout nous sont chers. » Sur ce, nous serrant les mains et courbant le dos, il nous reconduisit par la longue enfilade de trois ou quatre antichambres jusqu'à la porte de la rue.

Ah! le bon billet!... Un ami commun nous avait recommandés, de Marseille, à plusieurs Napolitains, jeunes gens instruits, complaisants, avec lesquel nous faisions la plupart de nos promenades, et qui venaient souvent passer la soirée chez nous à l'hôtel. Ils nous firent savoir que la police, craignant pour eux l'exemple d'étrangers indépendants et libéraux, leur avait conseillé de nous éviter. Or, conseil de police vaut ordre. Nous ne les vîmes plus que par rencontre. Les malheureux osaient à peine nous saluer. Chez nous ne se présentaient plus que des cicerone et des marchands de curiosités. Nous étant aperçus qu'on ne les laissait jamais entrer seuls, nous en demandâmes la cause au valets de chambre. — « Cette malheureuse affaire de police vous a fait, » nous répondit-il, « tant d'ennemis qu'une vengeance est à craindre. Rien de fréquent ici comme les coups de couteau. Des figures suspectes ont été vues, le soir, rôdant autour de la maison. On regardait vos fenêtres. Un bon conseil à vous donner : quittez Naples momentanément; qu'on ne vous y voie plus de quelques semaines. »

Nous ne nous le fîmes pas dire deux fois. L'exploration détaillée du golfe entrait d'ailleurs dans nos projets. Nous visitâmes Pouzzoles, Ischia, Capri, Sorrente, Pompéi. Nous montâmes au Vésuve. Après une absence de quinze jours, jugeant l'aventure oubliée, les haines assoupies et les brigands dépistés, nous revînmes à Naples par le chemin de fer. Des voitures de place stationnaient devant la gare. Nous en prîmes une : — « Cocher, hôtel de New-York, strada Piliero. » Le cocher se retourne. O surprise ! c'est celui de l'autre soir. Nous le questionnons. — Sa captivité n'a duré que vingt-quatre heures. — Grâce à notre intercession, pensons-nous. Bravo ! Mais à la porte du palais Statella, nouvelle surprise : ce vétéran coffré pour le restant de ses jours au château de l'Œuf, il a repris ses fonctions de régisseur. Enfin, sous les ombrages de la Villa-Reale, nous rencontrons flânant, riant, se gaudissant, nos assommeurs. Nous étions stupéfaits. — « Quelque chose de plus étonnant, suivant moi, » nous dit le consul en apprenant ce dénouement comique, « c'est qu'on ne vous ait pas mis en prison à leur place. »

XIV

FROMENTIN.

Au début de ma vie nomade, c'est l'Algérie qui me tenta d'abord. Nombre de Parisiens en sont encore aujourd'hui, cinquante ans après la conquête, à vous poser sur Alger les questions les plus saugrenues : — Si l'on y parle français, si l'on y boit du vin, si l'on y peut sortir sans armes. — Qu'était-ce donc au temps de Louis-Philippe! — les lions se promenaient dans la rue Bab-Azoun, la fièvre jaune était en permanence, et l'on n'allait à Blidah qu'en colonne, sur des chameaux. — J'étais un peu mieux renseigné, pour ma part; la lecture assidue des publications spéciales m'avait mis, comme on dit maintenant, à la hauteur. Quelques renseignements, toutefois, me manquaient au point de vue du paysage : — la meilleure époque à choisir pour peindre, où trouver les plus beaux sites et les meilleurs effets de lumière, — renseignements précieux et que nul autour de moi n'était capable de me fournir. L'idée me vint alors de consulter le dernier livret du Salon, et j'eus bientôt trouvé, parmi les exposants de scènes algériennes, le nom d'un de mes anciens camarades de collège, — Saltzman.

Son atelier perchait en haut de la rue Blanche. J'y cours, je grimpe une demi-douzaine d'étages, je sonne, et la porte en s'ouvrant me met préliminairement nez à nez avec une de mes anciennes connaissances de Barbison, Dominique, rapin râpé, original, amusant, intelligent surtout, avec qui, plusieurs étés durant, j'avais, dans les solitudes-écoles de la forêt de Fontainebleau, dessiné des rochers, brossé des terrains, enluminé des arbres et psalmodié la scie du cru :

> Une auberge à la lisière
> De la forêt d' Fontain'bleau ;
> Là vont y manger du veau
> Les peintres à la lisière.
> Ah ! bon Dieu, qu'ell' barbe ils ont,
> Les peintres, à Barbison !
>
> C'est l'auberge du pèr' Ganne ;
> On y voit de beaux panneaux
> Peints par des peintres pas no-
> Vice' et qui n' sont pas des ânes.
> Ils peignent comm' des bisons,
> Les peintres, à Barbison !
>
> Deux rochers avec trois chênes,
> Trois chên's avec deux rochers,

> Des chênes tout bancroche' et
> Des rochers qui font la chaîne,
> Voilà quels horizons ont
> Les peintres, à Barbison !

La reconnaissance faite et parfaite : — « Enchanté de vous revoir, Dominique ; mais, il faut bien l'avouer, j'étais venu surtout pour Saltzman. Où trouverai-je Saltzman ? — Pareillement ici. Venez. » J'entre. Atelier superbe, plutôt salon qu'atelier. Les murs couverts de maîtresses études ; des bahuts sculptés que garnissent, ici des porcelaines du Japon, là des étoffes d'Orient. Par terre, un moelleux tapis, et comme perdus dans la vaste pièce, trois chevalets flanqués de leur tabouret moyen âge et de leur nécessaire à peinture. Le camarade demandé était assis devant un de ces chevalets. Il se lève à mon approche, nos mains se serrent, et, les compliments d'usage échangés, je dis l'objet de ma visite : — Son exposition m'a tourné la tête, je ne rêve plus que palmiers, cactus, marabouts et fantasias. Je brûle de suivre sa trace dans les vallons du Sahel et des escarpements de l'Atlas. Qu'il veuille bien m'y piloter. — Saltzman consulte ses notes, et, de la meilleure grâce du monde, il m'apprend les jours de bateau, — un seulement tous les dix jours, — les noms des hôtels d'Alger, — hôtels de la Régence, de Paris, — les voitures de Boufarik, de Blidah; puis, se tournant vers le plus chargé des trois chevalets et sous l'immense toile duquel je n'avais encore pu distinguer que deux escarpins : — « Fromentin », dit-il, « voulez-vous, s'il vous plaît, venir nous aider ? »

Les escarpins remuèrent, et je vis s'avancer vers nous, la démarche lente et cérémonieuse, un jeune homme d'une trentaine d'années, petit, le nez légèrement busqué, peu de barbe, l'œil vif, tel enfin que nous le peignent aujourd'hui ses biographes. La présentation faite, il me donna, non moins complaisamment que Saltzman, mais d'un ton sérieux et froid, malgré l'entrain que je tâchais d'y mettre, les renseignements demandés.—Je devais, avant tout, m'assurer de protections militaires. Elles étaient indispensables pour pénétrer dans l'intérieur et suivre les expéditions.

La conversation terminée, Fromentin me salua discrètement de la main et retourna derrière sa toile. Je l'y suivis après lui en avoir demandé la permission, et je vis l'ébauche assez avancée d'une caravane de Bédouins en marche, avec les moutons, les dromadaires et les attatichs de circontance. Saltzman, lui, peignait une vue des allées de Choubrah, près du Caire. Quant à Dominique, établi devant le troisième chevalet, il ponçait avec ardeur une vieille toile toute bariolée de raclures, espérant, me dit-il, y découvrir, comme dans les veines de certains bois et de certains marbres, des effets curieux et nouveaux. Beaucoup d'artistes encore ne travaillent pas autrement.

La tenue des trois peintres était non moins correcte et distinguée que le local. Habillés uniformément, ils portaient le veston court, le pantalon noir, des bas blancs et des escarpins. Pour Fromentin et Saltzman, le veston était en velours de soie. Dominique, ami pauvre et payant probablement en égards, en complaisances, sa part de gîte et de couleurs, n'avait que du velours de coton. La différence, toutefois, n'était que peu sensible à l'œil.

On me fit promettre, en partant, de revenir aussi souvent que la fantaisie m'en prendrait. C'était mon plus cher désir. Voir peindre avec soin et talent des sites orientaux, quelle plus fructueuse initiation au genre de travaux que j'allais entreprendre! Le coquet et sympathique atelier de la rue Blanche devint dès lors le but préféré de mes promenades. Saltzman m'y recevait chaque fois avec un air de plus en plus affectueux. Dominique m'adorait pour l'attention que je prêtais à ses théories fantastiques sur le dessin et la couleur. C'était un novateur passionné, précurseur des *im-*

pressionnistes et des *intentionnistes* qui prétendent aujourd'hui faire école. L'accueil de Fromentin était moins expansif. Sous la réserve de l'élève à peine échappé des mains de Cabat on sentait déjà les fiertés du maître. Cependant, peu à peu la glace se fondit, et nous étions ensemble dans d'excellents termes quand je partis, non pour Alger, mais pour le sud de l'Italie, les convenances du compagnonnage ayant, à la dernière heure, nécessité ce changement d'itinéraire.

Le voyage dura deux ans, voyage délicieux, plein d'enchantements, de bonheurs. J'y pris, suivant mon habitude, des notes très détaillées, très intimes, à l'aide desquelles je m'empressai d'écrire, au retour, un livre extrafantaisiste de forme et superhumoristique de fond, quelque chose enfin de si diamétralement opposé aux us et coutumes de la littérature bourgeoise que, fixé par avance sur le jugement de tout public régulier, je ne fis tirer les *Eaux d'Ischia,* titre du livre, qu'à une trentaine d'exemplaires. Mes parents et mes entours connaîtraient seuls le coupable. Édition *inter amicos.* Le pinceau n'y avait pas moins collaboré que la plume. Si l'outremer et la garance ne s'y écrasaient pas par tubes et par vessies comme sur une palette, au moins y coloraient-ils de tons plus ou moins vigoureux chaque substantif, chaque adverbe. Pas un détail du paysage qui n'eût sa forme précise et ses nuances accusées suivant les termes techniques. Partout des ciels indigo, des grèves d'ocre dorée, des vallons d'émeraude et des lointains de lapis-lazuli.

Je m'étais, de gaieté de cœur, aliéné le Philistin; mais aurais-je en compensation le suffrage des artistes? N'allaient-ils pas se moquer du réfractaire, rire de mes tableaux mi-brossés et mi-griffonnés, moitié chair et moitié poisson? J'osai néanmoins porter un exemplaire du livre à mes amis de la rue Blanche. Je les trouvai fort affairés, Dominique raclant, limant, ponçant, glaçant son éternelle toile, Saltzman profilant sur les fonds vermillonnés d'un couchant égyptien la silhouette des pyramides, Fromentin léchant, blaireautant son tableau, fameux depuis, des *Gorges de la Chiffa*. Le moment était mal choisi pour présenter mon volume. Je le posai sans rien dire sur un meuble, assez aise d'ailleurs de ne point assister à son exécution. Quel massacre, l'heure du repos venue, n'allaient-ils pas en faire entre eux trois, sans compter les survenants!

J'attendis quinze jours au moins que l'effet fût produit avant de hasarder une nouvelle visite. On serait moins cruel, des éloges de complaisance, ou pour le moins un silence poli, accueilleraient le pauvre auteur. J'entre timidement. O surprise ! Dominique me saute au cou, Saltzman me bombarde de compliments, et Fromentin, le glacial Fromentin, quittant précipitamment son chevalet, s'élance à ma rencontre, me prend les mains, et, condescendance inouïe, même à l'égard d'hôtes les plus distingués, interrompt sa besogne pour m'entraîner et s'asseoir auprès de moi sur un divan. — Il a lu et relu mon livre. C'est aussi peu classique que possible, parfaitement bizarre et déréglé. Jamais œuvre pourtant ne lui fut plus sympathique. Il ne savait quel tour donner à ses notes sur l'Algérie; comment les faire valoir. Je lui montrais un instrument nouveau : la plume-pinceau, la phrase en couleur. Il s'en était bien déjà douté quelque peu; mais oser le premier !... Maintenant, il oserait.

Et peu de mois après paraissaient coup sur coup, dans le genre des *Eaux d'Ischia* : *un Été dans le Sahara*, *une Année dans le Sahel*, compositions non plus excentriques et folles comme leur aînée, mais rendues avec ce goût fin, cette touche délicate, cette ciselure savante, qui caractérisent le double talent artistique et littéraire de Fromentin. Le succès fut colossal; aussi notre peintre-écrivain n'eut-il rien de plus pressé que d'appliquer au roman la forme dont avaient si bien profité ses études descriptives; mais, contrairement à ses espérances, *Dominique*, — titre du livre, choisi à l'intention du rapin bien-aimé, — ne réussit que médiocrement. C'était froid comme glace, c'était ennuyeux à périr, cette touche léchée du pinceau de martre là où les passions veulent pour interprète la brosse de sanglier, voire le tranchant du grattoir. L'auteur du *Berger kabyle* et de la *Chasse au faucon* n'était pas homme à perdre courage. Il s'est relevé depuis et placé très haut avec ses *Maîtres d'autrefois,* ouvrage aussi parfait de forme que de fond et qui, sans la mort, lui eût sûrement ouvert les portes de l'Académie.

On a souvent prétendu que deux peintres ne pouvaient travailler ensemble sans que l'un fût bientôt absorbé par l'autre. Ainsi, dans certaines baies, gousses, cosses ou siliques, les graines les plus gourmandes grossissent aux dépens de leurs camarades de lit. A mesure que Fromentin progressait, se perfectionnait, Saltzman, au contraire, baissait et s'amoindrissait. Découragé, il finit par renoncer à la peinture. La protection de la princesse Mathilde et l'amitié de l'architecte Viollet Le Duc lui valurent une mission artistique en Orient. Il passa plusieurs années tant à Rhodes qu'à Jérusalem, réparant ici très adroitement la coupole du Saint-Sépulcre, découvrant là, dans des fouilles.

nombre de monuments historiques, et c'est alors qu'il revenait chargé de matériaux précieux que la mort nous l'enleva. Fromentin s'éteignit peu de temps après, en 1876, à l'âge de cinquante-six ans. Quant à Dominique, j'ai plus d'une fois cherché sa trace. Impossible de savoir ce qu'est devenu l'original et sympathique rapin. Est-il retourné vieillir sous les grands chênes des gorges d'Apremont, où nous avons passé les meilleurs instants de notre apprentissage, ou bien, comme ses amis les vestons en velours de soie, a-t-il déjà quitté notre exil aux tons froids, aux tristes nuances, pour les laques brillantes et les outremers fins de la soleilleuse patrie?

Si vieux et délabré que soit le dernier exemplaire qui me reste des *Eaux d'Ischia,* si futile qu'en soit le sujet, et si baroque le style, je ne le conserve pas moins avec une sorte de respect. J'ai même eu mainte fois la vanité de le croire digne de figurer parmi les documents relatifs à la bibliographie de ce siècle. N'est-il pas un peu le père des livres de Fromentin?

XV

LE COLOSSE D'ARONA.

C'est une bonne fortune en voyage que d'arriver dans les pays un jour de fête. Outre l'ordinaire aliment des églises, musées, promenades, palais et autres curiosités locales, on a le spectacle des habitants endimanchés, ou mieux encore, vêtus de leurs costumes nationaux. Arona, quand j'y passai, célébrait un anniversaire. L'Italie en a par centaines. Toute la population était dans les rues. D'innombrables drapeaux, blancs, verts, rouges, bleus, carrés, pointus, bifides, triangulaires, pavoisaient les façades, et sur les murs, d'immenses affiches annonçaient, pour le soir, un banquet, une symphonie, un feu d'artifice, le tout en bateau sur le lac. Magnifique occasion pour étudier les mœurs de ce coin de la Lombardie. Aussitôt descendu à l'hôtel, je m'empressai de souscrire aux divertissements nautiques. Puis, afin que l'itinéraire ne souffrît pas de ces plaisirs imprévus, je retins pour le lendemain matin une place à la diligence d'Orta. Enfin, quoiqu'il fût déjà tard, je sortis de la ville pour aller saluer le vénérable patron que mes parrain et marraine m'ont donné le jour de mon baptême.

Sur la rive occidentale du lac Majeur, à vingt minutes d'Arona, se dresse, haute de cent douze pieds, la statue de saint Charles. Ce colosse, qui par ses dimensions rivalise avec la toreutique de Ninive et de Babylone, est une des principales curiosités de l'Italie. Mais combien peu de voyageurs savent le visiter comme il faut! On se contente généralement de lui jeter un coup de lorgnette du pont du bateau à vapeur qui passe rapidement à distance, tandis que, pour nous étonner, les géants veulent être vus de près et examinés en détail. A mille mètres, le prélat de bronze sur son piédestal de granit ne semble ni plus ni moins grand que nature. La main qui tient le livre, celle qui bénit, ne vous frappent que par l'harmonie de leurs proportions. A cinq cents pas le prestige commence. Le chemin, le lac, les arbres vous paraissent rapetissés. Vous-même, vous vous sentez comme réduit. Que sera-ce donc tout à l'heure! L'immensité vous fascine. Vous vous mettez malgré vous à courir. A cent pas, on croit rêver. Ce n'est plus une œuvre humaine qu'on a sous les yeux, mais une apparition fantastique. Ces doigts énormes vous confondent, ce nez démesuré, surplombant, vous écrase.

Je contemplais bouleversé la monstrueuse effigie lorsque deux hommes, se disant guides ou gardiens, vinrent me proposer d'en faire l'ascension. J'acceptai sans trop réfléchir aux voies et moyens; les cimes m'ont toujours tenté. Et tout de suite ils allèrent chercher une échelle si longue et si lourde qu'à eux deux ils ne la traînaient qu'avec peine. Cette échelle fut calée par un bout dans le sol et de l'autre appuyée contre la corniche du piédestal, formant ainsi dans les airs un pont de plus de vingt mètres, oblique, frêle, vacillant malgré les fourches chargées de l'étayer de distance en distance. Un des gardiens y monta, puis, arrivé sur la corniche, il y prit une seconde échelle, la dressa perpendiculairement, en appliqua le haut sur la statue, et la posa par en bas sur le socle étroit et glissant où ses mains seules la tenaient fixée.

A l'aspect de ce chemin acrobatique, j'eus quelques moments d'hésitation; mais le guide demeuré près de moi se chargea de me rassurer. Des dames, des enfants même, affirma-t-il, n'avaient pas craint de s'y risquer. Rien, selon lui, de plus élémentaire, à condition toutefois de ne pas regarder en bas, les yeux devant toujours rester fixés vers le but. Puis, prêchant d'exemple, il se mit gaillardement à grimper. Je le suivis, tenant autant que possible les regards levés, et c'est sans trop d'émotion que je parvins non seulement à la corniche, mais au sommet de la seconde échelle dont les montants, détail curieux, s'engageaient dans l'entrebâillement formé par les plis de deux vêtements, le rochet et la soutane, retombant l'un par-dessus l'autre.

Ici, le chemin se transforme. Saint Charles Borromée qui, comme bien on pense, est creux, englobe une pyramide de maçonnerie d'où partent, comme les dards d'un porc-épic ou les aiguilles d'une pelote, quantité de crampons dont les extrémités, soudées au bronze du corps, le soutiennent. Ce sont ces crampons, ou plutôt ces barres de fer très irrégulièrement espacées, les unes horizontales, les autres déclives, qu'il s'agit d'escalader maintenant. La tâche est toutefois moins dangereuse qu'ardue. S'il faut un peu de gymnastique, on n'a plus de vertige à craindre. Cette section est noire comme un tunnel. Chemin faisant, on rencontre une lucarne qui, découpée dans le dos du personnage, permet de jeter un coup d'œil sur les vallons et les forêts qu'il domine. Quelques crampons encore, et nous franchissons un étroit défilé, — le cou, — pour aboutir dans une chambre voûtée, — la tête. Cette dernière a pour fenêtre deux trous correspondant aux prunelles des yeux, et pour siège un renfoncement qui n'est autre, en dehors, que la saillie du nez.

Dans le nez, on se repose, et par les baies des yeux on contemple les bleuâtres horizons du lac Majeur et des montagnes lombardes. Après avoir joui suffisamment de ce spectacle, et le jour commençant d'ailleurs à baisser, nous redescendîmes à tâtons les crampons de l'armature; mais, arrivés au bas, quelle ne fut pas notre surprise de n'y plus trouver l'échelle qui nous avait conduits de la corniche au rochet! Celui qui la tenait l'avait-il un instant retirée pour se reposer? Nous l'appelons : — « Vittorio! Vittorio! » Pas de réponse. Nous n'appelons plus, nous crions. Même silence. Son camarade semblait consterné. Je ne perdis cependant point courage. — « Remontons, » dis-je, « et mettons-nous à la lucarne du dos. Nous verrons sans doute passer du monde, cet endroit n'est point un désert, et nous pourrons appeler à coup sûr. »

Personne ne passa. Nous avions beau crier, nos voix se perdaient dans le bruit des détonations qui déjà donnaient le signal des réjouissances. La nuit vint sur ces entrefaites, et, guidés par une idée dont le succès me parut d'abord vraisemblable, nous retournâmes dans la tête. Mon compagnon de captivité, grand fumeur, avait des allumettes dans sa poche. Ma sacoche, à moi, contenait le gros manuel Artaria. Nous fîmes des cornets avec les pages du manuel, le guide y mit le feu, et nous jetâmes de minute en minute ces brandons par les trous des prunelles. Mais on ne nous vit pas mieux qu'on ne nous avait entendus, ou peut-être prit-on nos flammèches pour un détail des illuminations. Se peut-il voir une plus insolente et plus cruelle ironie du destin? La partie du lac choisie pour le festival se distinguait parfaitement de notre observatoire, et c'est l'estomac vide et l'esprit perplexe que nous assistâmes au banquet, au concert et aux girandoles nautiques.

Vers minuit, le silence et la solitude succédèrent peu à peu aux chants, aux danses, aux feux de Bengale. Chacun rentrait se coucher. Nos lits, à nous, n'étaient pas loin; mais quels lits! Le guide se percha sur l'une des barres, le dos appuyé contre la pyramide. J'avais choisi le nez, et je m'y blottis comme un mollusque au fond de sa coquille; mais l'air froid de la nuit en abaissa tellement la température, que j'y contractai certain rhumatisme fort tenace et dont le climat d'Algérie a seul pu me débarrasser.

Aux premières clartés de l'aube, nous recommençâmes notre manège, sautant comme des écureuils de la fenêtre du dos au soupirail du rochet, pour guetter et pour appeler. Enfin, une voix assez rapprochée, et que nous supposâmes non sans raison venir de la corniche, nous répondit qu'on s'occupait de nous. — Le guide disparu la veille, Vittorio, avait, dans un moment de distraction, laissé glisser de sa main la seconde échelle qui s'était rompue en tombant. Croyant pouvoir la faire immédiatement réparer, il s'était empressé de la porter chez le charpentier voisin. Mais, vu la fête, l'atelier était fermé. Plus loin, même mésaventure. Si bien que, la nuit approchant et lui-même se sentant brisé de fatigue, il avait dû remettre au lendemain notre délivrance. Elle ne tarderait plus guère sans doute, ajouta la voix d'un ton consolateur; on achevait de réparer l'échelle.

Chère et maudite échelle ! deux grandes heures devaient s'écouler encore avant qu'elle reparût. Exténués, mourants de faim, nous commencions de nouveau à la qualifier tour à tour des épithètes les plus tendres et les plus injurieuses, comme fait un amant pour sa maîtresse infidèle, lorsqu'un bruit sec nous annonça qu'enfin elle venait de reprendre sa place. La descente me parut cent fois plus effrayante que la montée. J'étais d'ailleurs affaibli par vingt-quatre heures de jeûne, et les positions forcées de mon séjour dans l'appareil olfactif m'avaient courbaturé les reins. Un moment critique, vertigineux entre tous, c'est celui où, quittant le dernier crampon de fer, on tâte avec le pied, en y portant les yeux, le premier bâton de l'échelle. Vous ne lui voyez d'appui que la main de ce guide, insouciant sans doute, malveillant peut-être, et dont un éternument, une mouche taquine, un rien, peut affecter l'équilibre. Témoin l'accident de la veille. Et puis, détail qui m'avait échappé lors de l'ascension, un des échelons était neuf. Sous les pieds de quel malheureux le vieux avait-il cédé? J'y songeais rempli d'épouvante lorsque, emporté par un coup de vent, mon chapeau s'envola et disparut au loin, tourbillonnant dans l'espace. Malgré moi, mes yeux le suivirent. A l'aspect de l'abîme, une sueur froide me monta au front. Je me sentis prêt à défaillir...

De tous les dangers que fortuitement ou de gré j'ai courus dans mes voyages, — maffia napolitaine, mal' aria du lac Némi, bris de voiture à Zurich, tempête sur la mer Sauvage, chute de cheval à Roscoff, explosion entre mes mains d'un pistolet de tir, — aucun ne m'a laissé de plus terrifiants souvenirs que cette expédition dans saint Charles. C'est toutefois sain et sauf que j'arrivai au bas du piédestal. Dix minutes après, j'étais à l'hôtel, mangeant et maugréant avec la férocité qu'on devine. — Perfide statue, détestable saint! m'écriai-je, en avalant coup sur coup, sans les mâcher, rognons, filets de bœuf, côtelettes. Et pour comble de malheur, ajoutais-je en faisant succéder les rasades aux rasades, la diligence partie, l'excursion d'Orta remise! Que faire ici jusqu'à demain? Cet épisode marquera parmi les plus funestes et, qui pis est, les plus ridicules de ma vie.

J'en étais là de mes homélies, lorsqu'un grand bruit se fit dans la cour de l'hôtel. On courait, on vociférait; tout le monde, domestiques et voyageurs, semblait affolé. Je me lève et m'élance pour me renseigner. Je n'étais pas à la porte que l'aubergiste, pâle, effaré, faisant irruption dans la salle :
— « Ah! Monsieur, quel bonheur pour vous de n'avoir pas pris la voiture ce matin! Elle vient de verser à deux kilomètres d'ici. Trois personnes sont blessées, et le voyageur qui, ne vous voyant pas venir, avait pris votre place sur l'impériale, est mort. »

L'épisode fatal se trouvait tout à coup changé en accident providentiel. Je ne crus pas mieux et plus convenablement employer ma journée de station forcée à Arona qu'en retournant voir un patron que j'avais si mal à propos injurié, et auquel j'étais vraisemblablement redevable de la vie. C'est d'en bas, toutefois, et par prudence autant que par respect, que je lui fis mes excuses et le priai d'agréer mes remerciements.

XVI

ALPHONSE KARR.

Élevé dans un village, au milieu de paysans chez lesquels le respect de la chose imprimée va de pair avec l'amour de Dieu et la peur du diable, j'ai cru longtemps les livres infaillibles. Je me souviens encore du jour où, leur soupçonnant quelque origine céleste, je demandai à ma mère si c'étaient les anges qui les avaient faits. Quand j'appris que tout l'honneur en revenait aux hommes, et que même parmi ces hommes beaucoup vivaient encore, je reportai sur les auteurs une partie de la vénération que m'avaient inspirée leurs œuvres. Ils m'apparurent en idée, les défunts trônant au ciel à la droite du Père éternel, les autres foulant, il est vrai, notre globe infime, mais riches, puissants, superbes et courtisés comme des rois. Tels je me figurai tour à tour : là-haut, Homère, Virgile, Corneille; ici-bas, Victor Hugo, Lamartine, Alphonse Karr.

Montaigne pour la raison et Sterne pour la forme, Alphonse Karr fut celui d'entre tous qui me causa la plus profonde impression. Je n'avais, en fait de romans, lu que *Paul et Virginie, Robinson Crusoë, Numa Pompilius,* lorsque *Sous les tilleuls,* — l'édition en deux volumes, louée au cabinet de lecture de Melun,— me passa par les mains. Ce fut comme une révélation. Outre une action dramatique particulièrement saisissante, je trouvai dans cet ouvrage toutes mes pensées, tous mes rêves exprimés comme certes jamais je n'aurais pu le faire moi-même. Plus tard, les *Guêpes*, le *Journal, Clotilde, Feu Bressier* et vingt autres romans du pêcheur d'Étretat et de l'ermite de Sainte-Adresse, ne firent qu'accroître cette sympathie singulière; tellement que mainte fois, n'osant pas croire au caractère inné d'une conformité si flatteuse, je me suis accusé de l'avoir insciemment cherchée et de n'être, au lieu d'un parallèle, d'un original similaire, qu'une copie, un reflet, un écho.

Comme exemple de mon fanatisme : les jardins d'Yèbles avaient produit des centaines de belles roses, les sociétés d'horticulture leur avaient décerné quantité de médailles, les revues florales en célébraient sur tous les tons les louanges; eh bien, leur principal titre de gloire, à mes yeux, fut d'avoir reçu la visite d'Alphonse Karr. J'étais alors absent de la maison, et j'aurais longtemps regretté ce malheur, si mon père, allant à quelque temps de là rendre au romancier sa politesse, ne m'avait invité à l'accompagner. Une émotion qu'on comprendra bouleversait mes facultés, aussi n'ai-je gardé de cette première entrevue qu'un seul mais bien marquant souvenir. Après les compliments d'usage, mon père me présenta : — « Votre disciple, » dit-il ; « un ambitieux, un fou, qui dédaigne le jardinage pour s'occuper de littérature. » Puis, s'adressant à moi : — « Lève-toi donc ; debout devant ton maître ! » Je me dressai comme poussé par un ressort. — « Comptons mieux, Monsieur, » fit Alphonse Karr en m'invitant à me rasseoir, « votre maître aujourd'hui peut-être, mais vous avez vingt ans, j'en ai trente, l'avantage est donc pour vous. »

Le mois suivant, chargé de lui porter une bourriche de roses, je retournai chez lui, mais seul et bien résolu à profiter de la circonstance. Je commencerai, me disais-je en montant leste et joyeux la rue des Martyrs, par le féliciter chaudement, par lui dire combien son beau talent m'est sympathique. Pour lui prouver que j'ai lu ses romans, que je les sais par cœur, je lui citerai des mots, des phrases, des pages entières de *Fa dièse*, de *Ven-*

dredi soir, d'*Einerley*, d'*Hortense*, et surtout de *Geneviève*, son dernier-né, son chef-d'œuvre. Je lui demanderai des nouvelles de son ami Gatayes et de son chien Freyschütz. Il ne pourra, par politesse, se dispenser de s'occuper aussi de moi, de s'informer de mes travaux. Quel honneur! et qui sait si tout mon avenir d'écrivain n'est pas là!

Il demeurait rue de Latour-d'Auvergne, au rez-de-chaussée. Je fus introduit par un petit groom en livrée grise dans son cabinet de travail tendu de papier sombre et qu'éclairait un jour crépusculaire, capricieusement nuancé par des vitraux de couleur. C'était le matin. Il portait un négligé pittoresque : large pantalon à plis, vareuse de pêcheur, pantoufles en maroquin rouge. Plus que le souvenir de mes traits, la vue de mes roses l'aida sans doute à me reconnaître. Il me tendit amicalement la main et me fit asseoir dans un grand fauteuil de velours grenat, le seul meuble bourgeois que parût contenir l'appartement. Ce n'étaient, de tous côtés, que bahuts étranges, objets rares ou curieux. Lui s'assit près de moi sur une pile de coussins, et l'examen des roses commença.

Leur beauté, leur éclat, leur volume surtout, le frappèrent tellement qu'il semblait ravi en extase. Les plus connues, — le *Géant des batailles*, le *Triomphe du Luxembourg*, la *Noi-*

sette-Desprez, — il hésitait à les reconnaître.
— « Ce sont elles, » disait-il, « comme un lézard
est un crocodile, comme un oiseau-mouche est
un aigle. » Il y prenait un si vif intérêt que, sa
mère et son frère ayant été introduits sur ces entrefaites, il les pria de revenir. Une lettre lui fut
remise. On attendait la réponse. Il l'écrivit ou
plutôt la griffonna d'un air impatienté; puis,
l'ayant pliée à la hâte : — « Michel, une bougie. »
Puis, l'ayant cachetée de cire noire et scellée : —
« Michel, un commissionnaire. Et maintenant,
Michel, je n'y suis plus pour personne. »

J'examinais cependant les murs où figuraient,
entre autres curiosités, la pipe de Léon Gatayes
et le fameux couteau donné par Mme Louise
Collet, née Révoil, à l'auteur des *Guêpes*, — dans
le dos. Récent encore, le burlesque attentat de la
jeune et vindicative poétesse se partageait avec le
procès de Mme Lafarge (1840) l'attention des
amateurs de scandale. Sur la cheminée se trouvait un portrait d'Alphonse Karr, très bien gravé,
très ressemblant : cheveux ras, moustache en pinceau, fine barbiche, un signe à la pommette
droite, les yeux obliques sous un large front. —
« Le *Voleur*, » dis-je au maître, « a dernièrement
publié de vous un autre portrait. — Une carica-
ture ! — Je l'ai fait encadrer. — Une horreur ! —

Et je l'ai accroché dans mon alcôve, au pied de mon lit. — Acceptez celui-ci; vous le mettrez à la place. — A côté, » répliquai-je. Cette naïve idolâtrie parut le flatter à tel point que je jugeai tout autre éloge superflu. — « A propos, » reprit-il, « votre père ne m'a-t-il pas dit que vous vous destiniez à la littérature? » Je fis un signe affirmatif. — « Pourquoi pas plutôt cultiver comme lui les roses? La voie vous est tracée, et vous auriez tout d'abord le partage d'une réputation déjà faite. — Le goût me manque. — Tant pis (il avait bien raison!); mais vous êtes jeune, et vos moyens vous permettent, je crois, d'essayer sans risques ni périls notre rude métier. » L'inspection des roses finie, nous nous quittâmes en d'excellents termes, lui cordial, familier presque, moi transporté, fanatisé, quasiment jaloux de Michel et de Freyschütz qui, fortunés mortels, avaient le bonheur de demeurer avec lui.

A bientôt, m'avait-il dit obligeamment sur le seuil. Oui certes, à bientôt, pensais-je en redescendant la rue des Martyrs. Ce bientôt ne devait venir qu'un quart de siècle après. La vie nous emporta chacun en sens inverse. Tandis qu'il quittait Paris pour habiter tour à tour Étretat, Sainte-Adresse, Nice, je partais pour de longs voyages; et ce n'est qu'au retour de l'un d'eux, en juillet 1866, que, traversant la patrie de Masséna, le modeste Sosie put revoir son grand modèle, car après comme avant l'entrevue de la rue de Latour-d'Auvergne, j'ai lu plutôt quatre fois qu'une tout ce qu'il a publié : *Clotilde, Am Rauchen, Voyage autour de mon jardin, les Bourdonnements, la Famille Alain, la Pénélope normande, Au bord de la mer, Sous les orangers,* et dans les milliers de lignes de ces nombreuses productions, pas une qui m'ait surpris, pas une qui ne m'ait été comme la révélation exacte ou l'heureuse expression de mes pensées personnelles.

Il ne demeurait pas précisément à Nice, mais dans les environs. Tous les cochers, me dit-on, connaissent son adresse. Je pris une voiture qui m'y conduisit. Quand, au sortir d'ennuyeux faubourgs, je vis, au-dessus d'un mur bas, rongé de mousse et tapissé de lierre, s'élever un massif de magnifiques arbres, touffus, enchevêtrés, enlacés de lianes comme une forêt des tropiques, je me dis : — J'aimerais habiter là. Ce doit être là. — C'était là. A droite de l'entrée, plaisante, engageante, irrésistible avec son cadre d'églantiers et ses rideaux de plantes grimpantes, on lisait en lettres d'or sur un carreau de marbre blanc, le nom du maître avec indication de sa profession favorite : — ALPHONSE KARR, *jardinier.*

J'entre, et le demande à des gens assis auprès d'une fontaine rustique où trempait une gerbe de superbes fleurs destinées probablement à la vente. — « Il est à Nice. — Quel contre-temps! Et moi qui m'en vais ce soir ! » Mon affliction paraît si profonde que les cerbères s'attendrissent. — « Donnez votre carte. On va s'informer. Il rentre parfois sans qu'on s'en aperçoive. » L'un d'eux s'éloigne, et bientôt à travers un fourré de vieux oliviers, je vois quelqu'un accourir. Je le devine d'abord plus que je ne le reconnais. L'enveloppe est changée, la blouse et le chapeau campagnard ont remplacé l'élégant négligé du citadin, une grande barbe grise, la mouche et l'impériale brunes ; mais c'est toujours, sous son masque hâlé, le même air franc, intelligent et bon. La main dans la main, les yeux dans les yeux, nous nous contemplons fixement, curieusement; je pourrais presque dire : nous nous étreignons du regard. Je sais bien que, malgré certains essais littéraires, je ne fus jamais pour lui que le fils de l'horticulteur, mais d'abord cela c'est déjà beaucoup, et puis d'ailleurs, maintenant, plutôt paysagiste qu'écrivain, ne m'étais-je pas acquis de nouveaux et meilleurs titres à la sympathie de cet amant de la nature?

Le temps était splendide. Après m'avoir montré

quelques parties de son jardin, ses allées de rosiers, ses essais d'eucalyptus, il m'entraîna dans un réduit charmant et dont nulle description ne saurait donner une idée. Au milieu, sous le dôme bariolé de mimosas, d'acacias, d'orangers, aux troncs desquels s'enroulaient des torsades de chèvrefeuille, de convolvulus ou de glycine en fleur, et qui dominait le panache d'un magnifique palmier, s'épanouissaient, émergeant d'un petit lac aux eaux bleues, quantité de plantes aquatiques. Les oiseaux, les papillons, les abeilles, les libellules traversaient par instants, comme des flèches de rubis, de turquoise ou d'émeraude, l'air azuré de ce frais paradis.

— « C'est ici mon cabinet de travail, c'est aussi le salon où j'aime à entretenir mes amis, » fit le maître en me touchant affectueusement la main. Et m'ayant attiré près de lui sur un banc rustique, il commença le premier à parler de mon père, d'Yèbles et de roses. — « Autant, » répliquai-je, « je suis heureux de vous entendre rappeler ces souvenirs, autant je m'étonne qu'ils soient demeurés si longtemps dans votre mémoire. Après vingt-cinq ans d'une vie si laborieuse, si remplie, vous étiez, ce semble, en droit de les avoir oubliés. »
— « Oubliés ? » reprit-il vivement, « vous allez voir comme j'oublie les braves gens et les belles

choses ! » Et, m'entraînant à grands pas dans une autre partie du jardin, il me montra à quelque distance une maisonnette que recouvrait tout entière, tapissant le toit, lambrissant les murs, ne laissant tout au plus de libre que la porte, un immense rosier aux rameaux longs et flexibles, aux fleurs démesurément larges où les tons du cuivre nuançaient ceux de l'incarnat. Je ne l'eus pas plus tôt effleuré du regard que je le reconnus. C'était la *Noisette-Desprez*.

Je me sentis ému jusqu'aux larmes, séduit jusqu'à jalouser ceux qui, comme autrefois Michel et Freyschütz, l'entouraient. J'aurais aimé rester indéfiniment avec lui ; mais la discrétion m'ordonnait de partir. Il voulut m'accompagner jusqu'à la route. Là, me serrant plusieurs fois la main : — « Quand vous passerez devant ma porte, entrez ! — Y repasserai-je jamais ? » répliquai-je. Alger est loin, et je crains trop la mer pour en affronter souvent les caprices. Mais vous qui si facilement avez quitté Étretat pour Sainte-Adresse, et Sainte-Adresse pour Nice, que n'échangez-vous maintenant Nice pour l'Algérie ? Nous avons des hivers autrement doux que ceux de vos rivages. — Des hivers, soit, mais des étés ! On m'en a fait un tableau formidable. Ils brûlent tout, ils suspendent absolument la végétation ; ce sont trois mois de morte saison, tandis qu'ici nous pouvons aisément jardiner toute l'année. »

Si c'était là votre seule objection, cher maître, vite en route pour Alger! Vingt ans de plantations incessantes, enragées, où les eucalyptus notamment comptent par centaines de mille, ont en beaucoup d'endroits mitigé les ardeurs de notre climat. Avec de l'ombre et de l'eau, la culture n'a plus d'interruptions à souffrir, et qui sait les surprises, les gains inouïs qu'elle réserve au chercheur! Venez donc, et que l'Algérien puisse bientôt, honneur et bonheur pour lui, vous rendre l'invitation hospitalière du Niçois : Quand vous passerez devant ma porte, entrez! Je n'aurai d'autres roses à vous montrer que celles qui, achetées au marché ou cueillies chez des amis horticulteurs, ornent de temps en temps mon atelier, mais, — chacun sa mnémonique, — vous pourrez voir au pied de mon lit, dans un cadre où sont rassemblés mes plus précieux souvenirs de jeunesse, votre portrait de 1840. Je l'ai sous les yeux en traçant ces lignes.

XVII

EN CORSE.

Je revenais d'Italie. J'en avais exploré les endroits les plus fameux. Bastia me parut encore très intéressante après. La position de cette petite ville est charmante, et son climat délicieux. Ses environs fourmillent de jolis motifs. Je remarquai notamment les mignonnes constructions qui, parsemées dans la campagne, recouvrent les sépultures des riches insulaires. Leur aspect n'est rien moins que triste. Avec leurs coupoles blanches et les oliviers, les cactus, les aloès qui les encadrent, on dirait des marabouts africains. La population de Bastia m'a pareillement beaucoup plu. Durs et vindicatifs entre eux, les Corses rivalisent d'aménité pour leurs hôtes. C'était à qui ferait connaissance avec le nouveau débarqué, à qui le renseignerait et le piloterait. Des manifestations plus explicites suivirent bientôt ces préliminaires. On m'invita à des dîners, à des villégiatures. Jaloux de mon indépendance, je ne voulus accepter, de toutes ces politesses, qu'une partie en pique-nique à la grotte du Brando, particularité géologique d'autant plus curieuse alors, que la découverte n'en remontait qu'à peu d'années.

Nous nous y rendîmes à cheval. Averti la veille, on avait tout préparé pour nous recevoir. La grotte était illuminée, la grotte, ou mieux le labyrinthe. Figurez-vous un dédale immense de rues, de galeries, d'enceintes, revêtues et décorées de stalactites innombrables, ici se dressant en colonnes, flottant en draperies, s'arrondissant en coupoles, là se moulant en chapiteaux, en frises, en pendentifs. Pour meubles, des divans d'albâtre, des lustres de malachite, des buffets de calcédoine. Et tout cela brillant, scintillant, éclatant, éblouissant.

Après les plaisirs de la vue, les voluptés du goût. Un repas champêtre nous attendait sous une tonnelle de pampres, au petit village d'Herbalunga. On y but, au dessert, des crus locaux que n'eussent désavoués ni Malaga ni Frontignan. Je profitai de la circonstance pour porter la santé de mes aimables commensaux et leur adresser mes adieux. — « Comment! vous partez? » firent-ils tous à la fois comme un chœur d'opéra-comique. — « Demain matin. — Vous retournez à Livourne ? — Je vais visiter le midi de l'île. — Restez donc plutôt ici. Ce côté de la Corse est le plus pittoresque, le plus civilisé, le plus agréable. Voisins de l'Italie, nous en avons le caractère affable et le sentiment artistique. Vous ne trouverez à Corte que des sauvages, et à Ajaccio que des brutes. »

Il se faisait tard. Nous enfourchâmes, légèrement émus, nos montures et reprîmes en galopant, voltigeant et caracolant, le chemin de la ville. A moitié route environ, rencontre d'un piéton se dirigeant en sens inverse. Gros homme au pas lourd. Il s'arrête soudain, me regarde et, croyant me reconnaître : — « Vous ici, Monsieur Nicolo ! Bonsoir, Monsieur Nicolo ! » Stupéfaction générale. Et les rires d'éclater. — « Bonsoir, Monsieur Nicolo ! Bonjour, Monsieur Nicolo ! » ripostèrent mes compagnons. Et ce ne fut, jusqu'à Bastia, qu'un feu roulant de quolibets au sujet d'une méprise bien excusable pourtant, vu l'épaisseur du crépuscule.

Rien de curieux, en ce temps-là, comme un service de diligences corses. — On part à sept heures précises, m'avait dit le conducteur. Je fus exact au rendez-vous, mais je n'y trouvai personne. Le bureau n'était pas même ouvert. J'allais m'en retourner, pensant m'être trompé de jour, quand d'autres voyageurs se montrèrent. Ils s'assirent sur leurs bagages entassés près d'une borne, et chacun attendit le bon plaisir de l'administration. Vers neuf heures enfin parut, poussé par une vieille femme, quelque chose d'inouï, d'innomé, d'inimaginable. Serait-ce par hasard la diligence? me demandai-je en frissonnant.

C'était la diligence. Quand elle fut pleine, archipleine, bondée jusqu'à crever, on alla chercher les chevaux, quatre fantômes. Absolument comme à l'hôtel où le chef de cuisine sonnait d'abord, attendant pour préparer le repas que tout le monde fût à table. Après bien des adieux, des pourparlers, des commentaires, l'infâme patache se mit en route, geignant, oscillant, titubant et faisant mine à chaque instant de verser. Nous n'étions pourtant qu'à moitié partis. A tous les carrefours, à tous les coins de rue on s'arrêtait, ici pour charger une caisse, là pour répondre à des questions ou tout simplement pour causer.

J'occupais l'impériale avec trois autres voyageurs. Nous étions atrocement serrés. — « Où il y a place pour quatre, il y a place pour cinq! » dit sentencieusement le conducteur; et sans plus de cérémonie, il poussa sur nos genoux un retardataire obèse. Insensiblement celui-ci parvint à se glisser entre nous sans que personne protestât. Puis, me fixant d'un œil curieux : — « N'est-ce pas vous, Monsieur, à qui j'ai dit bonsoir hier ? — En m'appelant Nicolo ? — Précisément. Pardonnez l'erreur; Nicolo est un de mes clients d'Ajaccio. La nuit, avec votre chapeau, vous lui ressemblez tellement que son épouse même s'y tromperait. » Et de rire. Le particulier avait le caractère expansif. Il m'apprit qu'il était artiste. — « Peintre ou musicien ? » demandai-je. — « Coiffeur, à votre service. » Je profitai de l'occasion pour m'instruire : — « N'existe-t-il, entre Bastia et Ajaccio, que ce moyen de transport ? — Nous avons aussi le courrier. — Qui va mieux. — Beaucoup mieux. — Pourquoi ne me l'a-t-on pas dit ? — Dans votre intérêt, sans doute. La concurrence est préférable. — Quelle concurrence ? — Cette voiture-ci. — Je ne m'explique pas l'avantage... — D'abord, on paye moins cher. Ensuite, on va comme on veut. Un voyageur a-t-il envie de s'arrêter, on l'attend; de s'écarter de la route, on fait un détour. — Et les autres ? — Ils approuvent ou du moins tolèrent, en ayant fait ou devant eux-mêmes en faire autant. — Mais le temps perdu ? — Qu'importe ! Le temps ce n'est rien. »

Nous longeâmes d'abord l'étang de Biguglia;

pièce d'eau d'un grand style où, comme dans les romans de Cooper, on rencontre, au lieu de chaloupes ou de bateaux à vapeur, des pirogues. Les bords en sont réputés malsains. Nous y vîmes un soldat qui dormait au pied d'un arbre. — « Gare la fièvre et l'hôpital ! » cria notre conducteur. Et pour réveiller l'imprudent, il lui administra un philanthropique coup de fouet. Que ne cinglait-il aussi notre somnolent attelage ! Du train dont il marchait, le mauvais air avait beau jeu. Mais nul cas foudroyant ne se manifesta, et après avoir franchi la vallée plus âpre mais aussi plus salubre du Golo, principal fleuve ou torrent de la Corse, nous atteignîmes enfin le premier relais.

Il était plus de midi. —« C'est là qu'on déjeune, » fit le coiffeur en se frottant les mains. Je cherche des yeux l'auberge. Rien qu'une espèce de grenier auquel montait une échelle à canards. Mes compagnons y grimpent. Je les suis de confiance. Un homme à mine patibulaire, à barbe de hérisson, et coiffé d'un bonnet de coton noir, nous reçoit. Nous mourions de faim. Il fit un petit feu de bruyère, y mit durcir une douzaine d'œufs et servit, sur une table boiteuse, dans une mauvaise écuelle de fer-blanc, ce mets de résistance que renforcèrent bientôt du pain dur, du vin sur, des fruits verts et quelques tranches d'une substance salée tenant à la fois du jambon et de la morue. Chacun s'arrangea comme il put, les uns mangeant à table, les autres assis à l'écart, qui sur un escabeau, qui sur la terre humide, le plus grand nombre debout et dehors pour éviter la fumée qui, sans autre issue que le toit, s'amoncelait dans la chambre. Nous étions quinze. Il n'y avait que six verres et deux couteaux Cette pénurie de vaisselle ne parut embarrasser personne. On mit en commun verres et couteaux. L'homérique festin terminé, chacun donna ce qu'il voulut, suivant ses moyens ou sa générosité, les uns peu, d'autres moins, certains même rien du tout. L'aubergiste ne fit aucune observation. Mais, ai-je su plus tard, il recevait ainsi encore plus qu'il n'eût osé demander.

On se remit en route après une nouvelle édition des lenteurs du premier départ. Mais que m'importait! L'homme, et surtout le voyageur, s'accoutume à tout. A mesure d'ailleurs que nous approchions des montagnes, paysages et gens devenaient plus caractéristiques. Dans le ciel se dressaient les âpres sommets du Monte-Rotondo et de ses contreforts. Sur le chemin passaient des indigènes armés jusqu'aux dents. Plusieurs même d'entre eux, à cheval, en voiture, à pied, tenaient leur fusil sous le bras gauche comme prêts à vous mettre en joue.— « Ils chassent? » dis-je.— « Oui, » répondit le coiffeur en souriant, « ils chassent, mais autre chose que des lapins.— Quoi donc, alors? — Leurs ennemis. — Vous voulez plaisanter. La vendetta n'existe plus que dans les romans. — Jamais elle ne fut plus vivace. — Les sauvages! — Sauvages, soit; mais n'est-il pas cent fois plus logique de se venger à coup sûr de celui qui vous a fait tort que de se battre avec lui dans un duel où l'offensé n'a pas plus de chance que l'offenseur? — La civilisation réprouve ces maximes. — Quelle civilisation? La vôtre. Nous sommes en Corse, ici. — Les Corses sont Français.— Gouvernementalement, oui, comme ils étaient hier Pisans, Génois, Anglais, comme ils seront peut-être demain Allemands ou Turcs; mais nationalement et par-dessus tout, nous sommes Corses. — Nos lois pourtant vous régissent. Le meurtre, en duel, n'est qu'un malheur; en vendetta, c'est un assassinat. D'où, les travaux forcés, l'infamie. — L'infamie, nous la répudions; les travaux forcés, si l'on nous attrape. Le coup fait, nous fuyons, et les maquis nous protègent.— Dites le mot, vous devenez bandits, brigands. — Bandits, soit, mais non brigands. Le bandit conserve son prestige, son influence, son honneur. C'est à qui l'aidera, même contre les gendarmes. Un marabout n'est pas plus vénéré chez les musulmans. — Et cela dure?... — Vingt ans lorsqu'il faut attendre la prescription; mais, de même qu'avec le ciel, il est avec l'autorité des accommodements, et les exemples ne manquent pas de passeports obtenus par compromis ou par menace. »

Il faisait nuit quand nous atteignîmes Corte. La voiture s'arrêta devant la première maison de la ville, espèce de tour de Babel contenant, au rez-de-chaussée, le bureau des diligences, un café et un poulailler. Le tribunal de police correctionnelle, le cabinet du président, celui du greffier et certain réduit énigmatiquement qualifié par le chiffre 99 + 1, se partageaient le premier étage. Un hôtelier exploitait les appartements du second. C'est là qu'on me logea, dans une chambre ayant pour vestibule le grand salon des réunions et fêtes municipales. Au troisième étage perchait la direction des Domaines. Enfin les combles abritaient le général, le sous-préfet et MM. les substituts. J'eus un de ces derniers pour voisin de table au repas du soir. Nommé tout récemment dans son emploi, il semblait fort soucieux de l'avenir, son prédécesseur, dont les réquisitoires n'étaient pourtant rien moins que durs, ayant été forcé de quitter la place. On lui tirait dessus.

Je sortis le lendemain de bonne heure. Il s'agissait d'explorer le pays au point de vue de la peinture. Corte n'est qu'un pauvre bourg dont les maisons, échelonnées sur la pente d'un ravin, n'offrent rien de pittoresque. L'aspect de la campagne est des plus rébarbatifs : ce ne sont que pics neigeux, torrents, éboulis de rochers. Le climat manque absolument de douceur. A peine à la fin d'août, déjà l'on grelottait. Un vent furieux échevelait les arbres et rendait tout travail d'esquisse impossible. Aussi, le soir même, prenais-je au passage, non plus la concurrence, mais la poste. On m'y plaça dans le coupé entre deux voyageurs endormis. Les bienheureux ne se réveillèrent qu'à l'aube. Me voyant regarder avec intérêt la campagne, ils m'offrirent un de leurs coins, et, grâce à cette obligeance, je pus admirer en détail une des magnificences de l'île, la forêt de Vizzavona. Il y a là des pins, des hêtres, des châtaigniers à se mettre à genoux devant. Les environs de Bocognano me parurent notamment si riches sous ce rapport que je formai le projet d'y revenir travailler avant de quitter la Corse. L'hospitalité toutefois m'en parut médiocrement écossaise. C'est là qu'on s'arrête pour déjeuner, et si l'on y mange assez mal, on y paye, par contre, fort richement.

La digestion rend communicatif. Mes voisins m'apprirent qu'ils étaient d'Ajaccio. Ils me vantèrent leur pays. Nul, à les entendre, ne le valait pour la beauté des perspectives, le charme du climat, la richesse du sol et le caractère des habitants. Les ultramontains, — ainsi désignent-ils ceux de Bastia et du versant oriental de l'île, — n'étaient que de vilaines gens, poltrons, perfides, viciés par le voisinage de la molle Italie. J'essayai de les défendre : — « Ils se sont montrés pleins de bons procédés pour moi. — Par vanité, afin d'accaparer un touriste de bonne mine, et qu'on les vît en votre compagnie. — Plusieurs m'ont généreusement offert l'hospitalité. — L'avez-vous acceptée ? — J'ai craint d'être indiscret. — Vous avez bien fait; vous sauriez maintenant ce qu'elle coûte. »

Ainsi devisions-nous lorsque la mer enfin reparut. Je la saluai d'un cri de joie. Le golfe d'Ajaccio rappelle celui de Naples. Avec un peu de complaisance, on y retrouve, dans le Capo-di-Muro et les Monte-Doro et Monte-Rotondo, la presqu'île de Sorrente, le Vésuve et le Pausilippe. Et puis, comme en Italie, des masses de cactus, d'aloès, de figuiers, d'oliviers et de grenadiers. Ces analogies me ravirent. Ajaccio ne pourrait que me plaire. Le boulevard planté d'orangers, où s'arrête la voiture, ne manque pas en effet d'élégance. On me donna, dans un hôtel fort propre, un appartement agréable. J'y sortis de leur boîte tous mes ustensiles d'artiste. La fructueuse station que j'allais faire! Sur ces entrefaites on sonna le dîner. Je m'empresse de descendre. — « Où mangera monsieur? » me demande le majordome. — « A la table d'hôte. — Je l'ai bien pensé, mais nous en avons deux, celle des insulaires et celle des continentaux. — Comment, on les sépare! Et pourquoi? — Ils ne s'entendent point. Corse et Français, ou nègre et blanc, c'est tout un. »

Je m'attablai avec les continentaux. C'étaient tous employés du gouvernement : officiers de ligne et d'artillerie, gardes des eaux et forêts, receveurs de l'enregistrement, commis postiers, bureaucrates. Ils m'accueillirent avec empressement, débouchèrent en mon honneur plusieurs bouteilles de bordeaux et parurent s'intéresser à mes pérégrinations de touriste. Quand ils surent que mon intention était de séjourner à Ajaccio, ils poussèrent des cris de surprise. Pour eux, la Corse n'était qu'un lieu de déportation, un exil. A bien chercher, on n'y trouverait d'étrangers que les déshérités du sort : magistrats à l'essai, fonctionnaires en disgrâce, militaires en pénitence. Témoin la garnison expiant, pour l'heure, certaines velléités d'opposition politique. Le climat de la

Corse était meurtrier, son industrie nulle, ses productions misérables, et quant aux habitants... J'ai pu rapporter l'opinion réciproque des ultramontains et des occidentaux les uns sur les autres; mais à trente ans de distance, lorsque l'actualité d'alors n'est plus que de l'histoire ancienne, et que la civilisation a marché en Corse, je suppose, aussi vite qu'ailleurs, je me ferais un scrupule de formuler la millième partie des atrocités que les continentaux m'ont dites sur les insulaires.

Que m'importait d'ailleurs ! Je n'en voulais qu'aux paysages. Ils abondent. A tout seigneur tout honneur. Je visitai d'abord la maison natale de Napoléon Ier, — le nid de l'aigle, — comme on l'appelle là-bas; puis, certaine grotte formée par un entassement de rochers et dans laquelle, suivant la tradition, le futur empereur venait, enfant, rêver à ses destinées. Le choix de mes motifs arrêté, je mis plusieurs tableaux en train, me proposant d'y consacrer au moins trois semaines d'étude.

Les après-dînées étaient occupées par la promenade. Un soir que j'avais poussé jusqu'au delà des îles Sanguinaires, et que je revenais par un chemin creux ombragé de vieux arbres, pif ! paf ! deux détonations retentirent coup sur coup, tandis qu'au même instant des éclats de plâtre tombaient tout près de moi, détachés d'un petit mur. Quelque chasseur maladroit, pensai-je d'abord. Et je sortis au plus vite des ombrages.

Rentré en ville, j'y fus interpellé comme naguère sur la route d'Herbalunga : — « Bonsoir, Monsieur Nicolo ! » Je me retourne. C'était mon gros coiffeur qui prenait le frais sur le seuil de sa boutique. Nous nous amusâmes beaucoup de cette nouvelle méprise. — « Je me disais aussi, » fit l'artiste capillaire, « c'est étonnant ! M. Nicolo ne sort plus le soir, il a des ennemis, un mauvais coup est bientôt fait. — Comment ! on tirerait sur lui ? — Parfaitement. — Et vous trouvez que je lui ressemble ? — Énormément. Je vous l'ai déjà dit, son épouse s'y tromperait. » Je racontai les deux coups de fusil. — « Prenez garde ! Il faut changer de chapeau, et quand vous sortez le soir, vous faire accompagner, parler haut, vous arranger enfin de façon à n'être pas pris pour un autre. »

Pris pour un autre ! Foin alors des études commencées, foin de l'excursion de Bocognano ! Le courrier de France partait le lendemain matin. Je m'y précipitai comme dans un refuge, et c'est peu curieux de retourner servir de cible aux ennemis de M. Nicolo que, vingt heures après, je débarquais à Marseille.

XVIII

PIE IX.

Le maître d'école chargé de m'apprendre le catéchisme professait pour la personne du pape un culte voisin de l'idolâtrie. — « Entre les hommes et Dieu, » me disait-il journellement, « il y a le pape. Représentant de Jésus-Christ sur la terre, le pape emprunte à son mandat un caractère divin. » On sait combien puissantes et durables sont nos impressions d'enfance. Aussi, malgré certaines taches ou ombres constatées plus tard dans l'histoire pontificale, malgré certains milieux sceptiques où m'ont depuis jeté les hasards de la vie, ai-je toujours conservé pour les successeurs de saint Pierre le même sentiment pieux.

Lors donc de mon premier voyage à Rome, en l'an de grâce 1850, ce que je recherchai tout d'abord, ce furent moins les plaisirs, les musées et les ruines, qu'une audience de Pie IX. Animé d'un zèle pareil, et désirant en outre rapporter à sa mère un chapelet expressément bénit pour elle, mon compagnon de route se trouvait dans des dispositions identiques. Pie IX était d'ailleurs la grande illustration de l'époque. Bien que depuis peu de temps au pouvoir, il avait rempli l'univers de son nom et fourni en moins de quatre ans les événements d'un long règne. Qui n'a présents à la mémoire ses débuts salués d'un bout de l'Italie à l'autre par des cris de joie et des chants d'allégresse, cette amnistie plénière, ces réformes spontanées, la création d'une consulte et d'une garde civique? mais qui ne se rappelle aussi les haines, les catastrophes dont une réaction imposée par toutes sortes d'excès populaires fut bientôt après le signal! Rossi poignardé, la fuite à Gaëte, et la république de Mazzini succédant révolutionnairement à la théocratie du saint-siège!

Malheureusement Pie IX, revenu depuis deux ans à peine d'exil, n'avait encore admis près de lui que des eccclésiastiques et des personnages de marque. Il fallait, pour être reçu, beaucoup de protections. Les nôtres se bornaient à notre qualité de touristes. N'importe, une humble requête fut, le jour de notre arrivée, remise à notre ambassadeur, avec instante prière de l'appuyer auprès de qui de droit, et, pleins d'anxiété, nous en attendîmes l'effet. Je me rappelle encore nos transes. Vingt fois par jour interrompant nos explorations, nos études, nous nous demandions : Sera-ce demain ? Et chaque soir, en rentrant à l'hôtel, nous n'avions rien de plus pressé que d'interroger les gens de service, mais, hélas ! toujours vainement.

Une après-midi enfin que, désespérant de l'audience, nous cherchions dans l'almanach les fêtes qui nous permettraient de rencontrer du moins le pape en quelque basilique, la porte de notre salon, soudain ouverte à deux battants, livra passage au plus beau dragon que j'aie rencontré de ma vie : casque doré, culotte blanche, grandes bottes à l'écuyère. Il nous présenta cérémonieusement une lettre timbrée des armes pontificales. Le cachet de cire écarlate en fut immédiatement brisé, et, la main dans la main, épanouis, enchantés, nous lûmes à haute voix ces lignes dont, par un sentiment qu'on appréciera, j'ai tenu à conserver la copie : « *Si previene il signor Carlo Desprez che Sua Santità si degnera ammetterlo all' udienza nella mattina di martedi 18 giugno unitamente al signor Samuele, recommandati dall' ambasciata nell' istesse sue lettere. Il maestro di camera de SS. Ed. Borromeo Arese.* »

Nous étions dans la soirée du dimanche 16. C'était donc pour le lendemain matin. Notre messager, gratifié du double écu romain que pareille commission lui vaut d'ordinaire, nous procédâmes aux apprêts d'usage. Des chapelets, des médailles, des croix furent achetés à la hâte aux magasins les plus proches ; nos habits de cérémonie, laissés jusque-là au fond de nos valises, furent dépliés, inspectés, soigneusement brossés comme pour une parade, et, le lendemain de bonne heure, une voiture nous transportait au Vatican. Les plus indifférents comprendront en quel état d'esprit nous effectuâmes le trajet. Silencieux, recueillis au milieu de la foule agitée des rues, nous n'avions de pensées que pour le solennel pèlerinage qui, dans quelques minutes, allait mettre nos chétives personnes en rapport avec un des plus grands pontifes de l'Église.

Nous descendîmes de voiture à l'entrée de la colonnade dont le vaste hémicycle conduit à la fois au parvis de la basilique et aux appartements du pape. Des factionnaires équipés comme au temps de Charles-Quint : pourpoint à basques, haut-de-chausses, casque d'acier, pertuisane, y montaient la garde. Un jeune ecclésiastique, couvert d'un surplis de dentelle et frisé comme un ange de tableau, nous reçut au seuil du palais. Après nous avoir gracieusement souhaité la bienvenue, il nous fit traverser sept ou huit pièces occupées par des fantassins pareils à ceux de l'hémicycle, et, nous ayant débarrassés de nos chapeaux, il nous pria de nous asseoir dans un vaste salon contigu au cabinet du pape.

Arrivés les premiers et seuls encore, nous croyions n'avoir à subir que quelques minutes d'attente. Aussi nous levâmes-nous dès que, prévenu par un coup de sonnette, un monsignor s'empressa d'ouvrir la porte du cabinet; mais ce n'était pas pour nous. Un prélat, survenu de je ne sais où, la franchit d'un air convaincu de sa préséance; des cardinaux, des abbés, de simples moinillons lui succédèrent, et cinq heures durant nous vîmes ainsi notre tour incessamment reculé. Nous eûmes toutefois, pour nous distraire, les scènes variées de l'antichambre. C'étaient des allées et venues de familiers, de visiteurs causant, discutant, riant. Antonelli, Borromeo et maints autres grands dignitaires vinrent tour à tour s'entretenir avec nous. Ils parurent notamment curieux de connaître notre avis sur les événements en vertu desquels notre pays venait brusquement d'échanger le gouvernement libéral et paternel de son trône bourgeois contre les aventures d'une république.

L'un d'eux enfin nous annonça que rien ne s'opposait plus à notre admission. Il nous fit ôter nos gants, l'étiquette voulant qu'on se présente les mains nues devant Sa Sainteté, et, nous ayant ouvert la porte, il nous introduisit dans le cabinet pontifical. Suivant le cérémonial en vigueur et dont on nous avait instruits par avance, nous fîmes dès le seuil une première génuflexion ; puis, quatre pas après, une seconde ; enfin, une dernière auprès du pape, dont la main droite, spontanément offerte à nos lèvres, semblait vouloir épargner à notre esprit jusqu'à l'idée d'un hommage que ses prédécesseurs ne laissaient pas monter plus haut que leur pantoufle, anoblie toutefois par le nom archaïque de mule.

Nous avions à peine effleuré son anneau pastoral que, d'un geste bienveillant, il nous invitait à nous relever, et, debout au milieu de nous, devant sa table de travail, il nous adressa quelques paroles en italien, mais d'un italien si facile et d'une prononciation si française que, bien que peu versés dans la langue du Tasse, nous n'en perdîmes pas un mot. — Son amour paternel était acquis à tous les peuples, mais particulièrement à la France, fille aînée de l'Église. Son plus grand désir était de voir la paix se consolider en Europe et notre patrie goûter, après tant de jours orageux, le calme et le bonheur qu'elle méritait. Puis s'étant fait dire le nom de la ville que nous habitions : — « Paris est grand, » ajouta-t-il, « c'est le cerveau du monde, mais Rome en est le cœur. »

Le regard cependant non moins curieux que l'ouïe, j'observais sa soutane de laine blanche, jaunie vers le menton par l'usage du tabac, sa calotte également blanche et ne couvrant qu'à demi des cheveux plus que grisonnants, sa main potelée jouant avec une tabatière d'écaille, son œil noir et mélancolique, son air abattu, sans doute au souvenir d'infortunes récentes ou par appréhension de malheurs à venir, enfin ses traits déjà vieillis quoique deux années encore le séparassent de la soixantaine. Pie IX est né le 13 mai 1792.

Après quelques propos sur les contrées de l'Italie que nous venions de parcourir, un souhait de bon voyage nous fit comprendre que l'audience était terminée. Nous offrîmes nos chapelets à la consécration du saint Père, baisâmes derechef son anneau, refîmes en sens inverse les trois génuflexions de l'entrée et sortîmes en reculant. Un valet s'empressa de nous rendre nos chapeaux, les abbés de service nous complimentèrent, puis, à la sortie de chacune des sept ou huit antichambres, les soldats du temps de Charles-Quint nous présentèrent les armes, têtes bénies ayant probablement pour eux rangs de têtes couronnées.

Plusieurs fêtes célébrées à la fin du mois de juin nous fournirent l'occasion de revoir Pie IX au milieu des pompeuses cérémonies qui jadis attiraient à Rome tant de fidèles. Saint-Pierre et Saint-Jean de Latran en furent tour à tour le théâtre. Supprimées aujourd'hui, ou du moins fort restreintes, elles sont presque passées à l'état de souvenir. Elles deviendront bientôt légendaires. Après un interminable défilé de diacres, de pénitents, de moines, de confréries, de prêtres, de curés, d'évêques, de cardinaux entremêlés de dragons, de vélites, de musiciens, de cierges, de fanaux, de croix et d'oriflammes, apparaissait porté sur une espèce de pavois, le pape avec sa triple couronne. Les épées de la garde-noble, les hallebardes dorées, le glaive flamboyant, la main de justice, le globe, les grands éventails de plume et autres attributs de sa dignité, l'entouraient. La foule fléchissait, silencieuse et recueillie, sous le geste de ses deux doigts alternativement abaissés et relevés pour bénir...

Certains détails toutefois laissaient à désirer, du moins me parut-il alors, soit qu'habitué dès l'enfance aux puritaines dévotions des peuples septentrionaux, je n'aie pas assez tenu compte des nécessaires effets du climat sur les piétés italiennes, ou soit que la révolution et l'exil d'où le clergé romain revenait à peine eussent altéré les coutumes et le matériel des fêtes. Ainsi, des plaisanteries, des éclats de rire s'échangeaient partout librement entre le cortège et les spectateurs. Tel lévite se détournait pour fumer une cigarette, tel chantre s'arrêtait pour boire un verre à l'*acquaiolo*. Des gamins armés de cornets suivaient en gambadant les cierges que leurs porteurs inclinaient bénévolement pour en mieux laisser couler la cire. On découvrait sous les frocs, sous les soutanes, sous les chapes, des bords de pantalons hideux, des chaussures inénarrables. Vus de près, bien des velours n'étaient que du calicot, bien des ors que du chrysocale.

Le pape me parut plus fatigué, plus vieux encore que chez lui. Son bras ne se levait qu'avec peine, son corps fléchissait sous le poids des ornements sacerdotaux, et de ses paupières rougies tombaient de mornes regards. A l'aspect de ces misères et de cet affaissement, mon cœur se sentit navré. Et fermant les yeux, je vis, comme en un cauchemar, culte, saint-siège, pontife balayés par le scepticisme et les débordements du siècle. Tout à coup, sacrilège organe de mes préoccupations douloureuses, la voix d'un assistant, — quelque ivrogne ou quelque fou, — placé entre Samuel et moi, s'écria : — « Le pauvre diable, avec ses mascarades, il n'en a plus pour longtemps ! » Pie IX entendit-il le funèbre et insolent pronostic, on pourrait le supposer, car au lieu de bénir, suivant son habitude, alternativement les deux côtés de la nef, deux fois de suite, évangélique riposte, il balança sa main dans la direction de l'insulteur.

Le sort, qui si souvent aime à tromper nos espérances, se plaît aussi parfois à se jouer de nos craintes. Tenace champion d'une Église qui, loin de péricliter, grandit chaque jour davantage, — et qui, faiblît-elle, même momentanément, a, depuis 89, triomphé de périls bien autrement mortels que ceux de notre époque, — le « pauvre diable » régna plus d'un quart de siècle après le triste épisode que je viens de raconter, conservant jusqu'à la minute suprême la fermeté de son esprit et la sublimité de son cœur. Nous autres Français surtout, nous aurions mauvaise grâce à l'oublier : tandis que la patrie râlait agonisante, qu'un vainqueur éhonté subordonnait le droit à la force, que l'humanité méconnue subissait d'odieux outrages, un seul souverain, — désarmé, octogénaire, infirme, — Pie IX, osa défendre l'humanité, le droit et la France contre la Prusse.

13.

XIX

LA FOLLE D'ISCHIA.

La poésie, par la voix du chantre de Jocelyn, a rendu célèbre Ischia, cette île verdoyante qui ceint, avec Nisida, Baïa, Capri et Sorrente, l'incomparable golfe de Naples. Ischia n'est pas moins fameuse au point de vue thérapeutique. On y fait avec succès des cures d'eaux minérales, de raisin, de petit-lait, et même jusqu'à des cures de songes. Vous avez bien lu, des cures de songes. La chose est assez rare et mérite qu'on la propose à l'attention des physiologistes.

Au temps bien éloigné déjà de mes études de sites et de types italiens, j'ai plusieurs fois habité Ischia, ou pour mieux préciser, Casamicciola, — abréviatif, Casami, — l'un des principaux bourgs de l'île. J'y logeais à la Petite-Sentinelle, hôtel élégant et confortable, dont le maître, Frédéric, s'était peu à peu lié d'amitié avec moi. Aussi quelle heureuse existence! Rien de trop bon pour le touriste favori. Ma chambre, choisie parmi les meilleures, dominait un paysage splendide. Les repas qu'on me servait sous une tonnelle de feuillage, en vue du Vésuve et du cap Misène, eussent rendu jaloux Lucullus et le baron Brisse. Voulais-je excursionner, l'âne le plus doux, le guide le plus sûr étaient instantanément mis à mes ordres. Et pour les renseignements, pour la causerie, pour les besoins du cœur, j'avais l'ami.

Une fois cependant, au fort de la saison balnéaire, comme j'arrivais à la nuit tombante et sans avoir prévenu, je trouvai la maison pleine. Pas le moindre cabinet. Frédéric était désolé. Puis, comme éclairé d'une inspiration subite : — « Eh bien, et la chambre aux songes! La chambre aux songes n'est pas occupée. Pic, conduisez monsieur dans la chambre aux songes. »

Pic, c'était le majordome. Il sourit singulièrement, prit deux flambeaux et sortit en m'invitant à le suivre. Nous traversons le jardin sous un berceau de pampre. Un pavillon solitaire est au bout. — « Voici la chambre de monsieur, » dit le domestique en m'introduisant par une porte encadrée de glycine et de chèvrefeuille dans un local fort petit, mais assez gentiment meublé; « j'ai l'honneur de souhaiter une bonne nuit à monsieur. »

Demeuré seul, je fis en détail l'inspection de mon nouveau gîte. Évidemment il ne devait, d'ordinaire, servir d'habitation qu'aux dames. Partout des objets féminins : ici de mignonnes pantoufles, une pelote avec des épingles fourchues, un champignon à poser les bonnets; là, des rubans, un dé à coudre, une résille. Aux murs blanchis à la chaux et rehaussés de peintures à fresque, deux petits tableaux représentant quelque histoire d'amour. Dans l'un se voyait un officier des gardes-nobles baisant la main d'une fillette en jupon vert-pomme, tandis que des pêcheurs coiffés du bonnet écarlate d'Ischia lançaient vers eux des regards féroces. Dans l'autre, la même fillette, avec le même jupon vert-pomme, se trouvait mal à l'aspect du même officier conduisant à l'autel une fiancée couronnée de fleurs.

J'étais très fatigué pour avoir couru tout le jour. Je m'endormis immédiatement et ne fis qu'un somme jusqu'à l'aube. A mon réveil, je trouvai Frédéric assis près de mon lit, les mains pleines de raisin. — « Mangez, » me dit-il en prêchant d'exemple, « rien ne vaut une grappe de raisin à jeun. Et pendant ce temps je vous raconterai quelque chose de très curieux sur cette chambre digne vraiment d'être rangée parmi les monuments historiques. » Je pris le raisin, il était superbe, avec des grains jaunes et gros comme des mirabelles, et tout en grappillant j'écoutai mon hôte qui poursuivit en ces termes :

« Jadis, voilà bien quarante ans, vivait ici la plus jolie de toutes nos Ischitaines, Angelarosa. Elle était orpheline, ne possédait d'autres moyens d'existence qu'un petit jardin qu'elle cultivait elle-même et dont elle vendait les fruits. Jeune, laborieuse, sage, elle n'avait qu'un défaut, la fierté. Dédaignant les gens de sa classe, elle ne semblait estimer que ceux d'une condition supérieure à la sienne. Aussi la voyait-on sourire aux riches baigneurs, aux élégants touristes, tandis qu'elle n'avait pour les âniers, les pêcheurs, les vignerons et autres menus industriels du pays que des manières hautaines.

« Plusieurs de ces insulaires s'étaient déjà, mais vainement, épris d'amour pour elle. Impossible à eux de toucher son cœur. Beppo pourtant, Beppo, le chef de la corporation des bateliers, et mieux doué que ses camarades, ayant été moins froidement accueilli, se flattait de bientôt obtenir une main si vivement disputée, lorsque arriva, pour prendre les eaux, un capitaine napolitain de la plus altière tournure. Trois jours ne s'étaient pas écoulés que l'orgueilleuse Angelarosa, délaissant Beppo, n'avait plus d'attentions, de regards, de sourires que pour le nouveau venu. Ils semblaient comme fiancés. On les voyait ensemble tout le jour, on les rencontrait sur le tard, devisant, chantant au clair de lune ; sujet d'un de ces tableaux, celui que vous voyez au pied du lit. — Et lorsque, sa saison terminée, le brillant seigneur dut quitter l'île et sa compagne, ce fut avec promesse d'un prochain retour.

« Beppo, son rival parti, tenta de nouvelles démarches ; mais il fut encore moins bien reçu qu'autrefois. Angelarosa ne s'appartenait plus, elle était toute au cher absent, elle n'en aimerait jamais d'autre. Et faisant parade de sa douleur, elle passait de longues heures à pleurer, à se lamenter sur le môle de Casami, cherchant des yeux à l'horizon la barque qui devait lui ramener le bien-aimé.

« Un soir, les bateliers ischitains qui traversent journellement le golfe rapportèrent de Naples une lettre pour Angelarosa. Ne sachant pas lire, la fillette pria Beppo de lui en faire connaître le contenu. Beppo s'exécuta de bonne grâce malgré ses griefs. C'était un souvenir du capitaine. — Il n'avait pas oublié sa délicieuse amie. L'absence la lui avait rendue cent fois plus chère. Son cœur ne battait plus que pour elle, et sitôt terminées les affaires qui le retenaient sur le continent, il reviendrait la demander en mariage. Suivait l'adresse de l'officier : *Strada Porta*, 15, *Napoli*.

« Ivre de bonheur, Angelarosa court à son jardin et remplit de fruits une corbeille que, moins fière cette fois et daignant même leur sourire, elle prie Beppo et ses compagnons de remettre à son fiancé. Après huit jours d'absence, les bateliers reviennent porteurs d'une seconde épître. Nouvel envoi de fruits, nouvelle réception de lettre; et pendant de longs mois, lettres et cadeaux se croisent sur le golfe, de Naples à Casami et de Casami à Naples.

« Mais, comme dit la chanson, on désespère alors qu'on espère toujours. Angelarosa finit par perdre patience. Pourquoi ces éternels retards? Et pourquoi ne ferait-elle pas elle-même, une fois, sa délicate commission? Elle connaît l'adresse; rien de plus aisé. La voilà partie, débarquée, et cherchant par les rues de Naples l'heureuse strada Porta. Mais nul capitaine n'habite au 15 de la strada Porta; ce ne sont que des ouvriers. Peut-être bien s'est-elle trompée. Il y a la strada Morta, à l'autre bout de la ville. Point de capitaine à la strada Morta. Pas davantage à la strada Torta, sur la cime du Capo di Monte. Les bateliers se seraient-ils moqués d'elle?

« Deux jours pleins se sont passés en recherches infructueuses. Angelarosa, dût-elle y mourir de

fatigue, ne quittera pas Naples avant d'avoir retrouvé son cher capitaine. Les yeux rougis par les larmes, elle traversait la place Royale, lorsque soudain... Oui, c'est lui, c'est bien lui, dans ce carrosse de gala qui passe au galop de quatre chevaux richement empanachés. Mais le carrosse galope, est déjà loin. N'importe, elle s'élance, elle vole, suivant des yeux l'équipage à distance. Haletante, épuisée, elle le rejoint enfin devant Saint-Charles; mais plus personne. Ils sont, lui dit-on, dans l'église. Elle escalade les marches, fend la foule, et que voit-elle! Son amant conduisant au pied de l'autel une femme voilée et parée pour le mariage. « Arrêtez! arrêtez! » crie la malheureuse. Mais, à bout de forces, elle tombe sans mouvement.
— Le sujet du second tableau, au-dessus de votre oreiller.

« Lorsqu'elle rouvrit les yeux, les gens de la noce l'entouraient. On l'interroge, et tout s'explique. Le capitaine n'a jamais envoyé de lettres, n'a jamais reçu de cadeaux. Perfide Beppo!... Soit dit entre parenthèses, l'atroce vengeance du batelier ne lui porta pas bonheur. Il mourut peu après de chagrin. Mais n'anticipons pas sur les événements. La mesure de l'avanie et du désespoir était comble. Quand Angelarosa, sous la conduite d'un compatriote charitable, témoin de la triste aventure,

La Folle d'Ischia.

rentra dans sa petite chambre de Casami, elle avait perdu la raison.

« La raison, mais non la parole, car à partir de ce moment et pendant de longues années, assise au seuil de sa porte, maigrie, les yeux hagards, la chevelure en désordre, elle ne fit que déblatérer et vociférer contre la sottise des filles qui, méconnaissant les personnes de leur rang, briguent de nobles alliances. C'était un pitoyable spectacle; aussi jamais, assure-t-on, durant la vie de la pauvre folle, Ischitaine n'a dévié du chemin de l'honneur.

« Bien mieux, après sa mort, une lavandière qui, sujette aux mêmes tentations, avait par hasard passé une nuit dans la chambre d'Angelarosa, y vit en songe de telles choses, y reçut de tels avertissements, qu'elle était guérie le lendemain au point de vouloir entrer dans un couvent. Cette conversion, ou plutôt cette cure, fit du bruit, et depuis lors, toutes les fois que fillette a tant soit peu l'air de faiblir, ses parents la mettent coucher dans cette chambre devenue par acquisition une annexe de l'hôtel et que l'on a, comme vous voyez, garnie pour la circonstance : outre les objets de toilette, les leçons, les menaces exprimées par ces tableaux, sans oublier l'histoire terrible, qu'au lieu de lui conter gaiement le matin comme je viens de faire pour vous, on lui débite sérieusement le soir, avec des gestes de prédicateur et du ton le plus lamentable. Étonnez-vous, après une pareille mise en scène, qu'elle ne rêve pas de la folle ! A son réveil, elle est considérée comme exorcisée. Ses compagnes averties viennent en foule la féliciter, l'embrasser, et le curé la bénit. »

Depuis quelques instants, vers la fin du récit de Frédéric, un murmure de voix, d'abord faible et intermittent, puis plus distinct, plus suivi, se faisait entendre dehors. Mon hôte prête l'oreille, court à la fenêtre, entr'ouvre les rideaux, puis, l'air consterné, se rapprochant de moi : — « Quelle étourderie ! quel malheur ! J'aurais dû m'en douter, mais le désir de vous loger... On aura vu, cette nuit, de la lumière à travers vos persiennes, ou bien Pic, un farceur, aura voulu s'amuser. Savez-vous d'où vient ce bruit ? Toutes les demoiselles de Casami sont là, n'attendant, suivant l'usage, que la sortie de la pénitente pour la complimenter et l'embrasser. »

Plutôt se moquer du monde que de s'en laisser moquer, pensai-je. Farce ou quiproquo, n'importe ; dans le doute, prenons l'initiative, attaquons ! Sans autre commentaire, je saute du lit, passe les jambes de mon pantalon, tire par-dessus les longues tiges de mes bottes de voyageur, et, sortant brusquement, en manches de chemise, le cou nu, la barbe noire, à tous crins, hirsute, je m'offre aux félicitations, aux baisers.

Ce fut un sauve-qui-peut général. Plus de vingt ans se sont écoulés depuis cette aventure, et, m'écrivait ces jours derniers mon vieil ami d'Ischia, on en rit encore dans l'île.

XX

MURAT.

La coiffure accoutumée des habitants d'Ischia, c'est le bonnet de laine rouge, à la bourse profonde et retombant sur l'oreille, comme en portent les pêcheurs de Livourne, de Messine, et généralement de tout le littoral italien. Cette coiffure, appelée dans le langage de l'île, *berettino* ou *coppola*, n'est autre, en définitive, que le fameux bonnet phrygien, transmis jusqu'à nous d'âge en âge, et dont certaine école politique a surmonté son drapeau.

Or, plusieurs coppolas rassemblées devant l'église de Casami ayant, dans l'après-dînée, traité de profanation mon séjour dans la maison de la folle, il fut convenu que je changerais immédiatement de demeure. Précisément un Anglais venait de laisser vacante une chambre à la Grande-Sentinelle, hôtel voisin, tenu par un cousin de Frédéric. Mon ami s'empressa de m'y conduire.

— « Vous serez beaucoup mieux ici ; jugez-en seulement par la perspective. » Ce disant, il ouvrit une fenêtre et m'attira sur une petite terrasse exposée au soleil couchant.

On ne saurait en effet imaginer un plus ravissant coup d'œil. Des plantes grimpantes couvraient de leurs réseaux verts et fleuris un parapet rustique au-dessous duquel s'échelonnaient, en descendant vers la mer, des vergers aux luxuriants ombrages. C'était ensuite, pour seconds plans, les gorges de la Rita, les montagnes de Zara, la Panella, Lacco marine; puis, dans le fond, la Méditerranée, les îles Ponce et toute la côte d'Italie depuis Naples jusqu'au cap Circelle, c'est-à-dire les Apennins baignés d'azur, les Camaldules perdus dans les nuages, le mont Saint-Elme qu'on dirait d'albâtre, et, secouant au-dessus d'eux son panache de vapeurs, le roi du golfe, le Vésuve.

L'intérieur de la chambre était moins remarquable : des murs nus, blanchis à la chaux, un lit, une commode, des chaises. Mais, fit observer Frédéric, c'était, plus encore que la maison de la folle, une demeure historique : Murat y avait passé la dernière nuit de son règne. — « Abandonné de son armée et n'ayant plus d'autre moyen que la fuite, » ajouta mon ami auquel ne déplaisait pas le rôle de Schéhérazade, « il prit à la hâte un cheval, quitta furtivement Naples accompagné de quelques fidèles, traversa la grotte de Pausilippe, suivit la route du rivage et parvenu jusqu'aux bosquets de Fusaro, se jeta dans une barque de pêcheur. Son intention était de gagner Gaëte, mais la présence de croiseurs anglais l'obligea de rétrograder, et ce n'est que quarante-huit heures après son départ qu'il put, dans la soirée du 20 mars 1815, aborder la marine de Casami.

« Le voilà donc ici même, dans cette chambre. Il se coucha, mais dormit-il? La nuit s'écoula pleine d'anxiétés. Que faire? Se cacher dans l'île? On l'aurait bien vite trahi. Repartir avec le bateau qui l'avait amené? L'ennemi surveillait avec soin le golfe. Au petit jour il flottait encore indécis, n'entrevoyant aucune chance de salut, lorsqu'on aperçut dans le bras de mer qui nous sépare de la terre ferme, un chebec que le calme plat retenait immobile. Ne pouvait-il acheter le chebec, ou du moins s'y faire recevoir comme passager?

« Le colonel Bonafoux, son neveu, fut chargé de la négociation. Emmenant avec lui l'escorte, il courut directement à la marine tandis que Murat s'y rendait par un sentier caché dans les vignes. Le roi portait des brodequins dits à la Gaston, une lévite brune, une culotte et un gilet blancs. C'était sa tenue ordinaire de ville ; aussi, pour plus de sûreté, car il se savait déjà épié, poursuivi peut-être, avait-il échangé son chapeau contre une coppola. Voyez-vous le beau-frère de l'empereur Napoléon, Joachim Ier, roi de Naples, en bonnet rouge ! — Bonnet que néanmoins, » interrompis-je, « il ne portait sans doute pas pour la première fois. Quand votre futur souverain, le fils de l'aubergiste de Cahors, après avoir exercé tour à tour les fonctions de sous-diacre et de garçon de café, brigua, du club des Jacobins de Paris, l'honneur de changer une lettre à son nom pour s'appeler, au lieu de Murat, Marat, il devait, j'imagine, rivaliser par le costume, aussi bien que par les opinions avec les bons bougres du temps. »

— « Murat, » reprit Frédéric, « n'avait voulu pour l'accompagner qu'un batelier appelé Monti. Cet homme lui servait de guide, mais pénétré de l'importance du service qu'il était en train de rendre au royal proscrit, il ne manquait aucune occasion de se le faire payer royalement. — Sire, dit-il tout d'abord, pendant qu'ils festonnaient par les vignes, je n'ai rien pris ce matin, je suis à jeun ; vous plairait-il de me donner quelque chose à manger? — Mais, répondit le roi, je n'ai dans ma poche que de l'or. — Qu'à cela ne tienne! l'or est une excellente nourriture; donnez-en toujours, Sire, et vous verrez... » Murat, par curiosité, jette un napoléon, et Monti l'avale sans sourciller, comme on ferait d'une dragée, sachant bien où la retrouver après. Et puis de dix pas en dix pas : « Encore une bouchée, Sire, une petite bouchée pour le pauvre diable qui meurt de faim! »

« Les fugitifs se rejoignirent à la marine de Pozzillo, entre le port de Lacco et celui de Casami. Le colonel Bonafoux et le secrétaire du roi, M. de Coussy, tous deux vêtus en bourgeois, descendirent dans un bateau et se firent conduire auprès du chebec, tandis que Murat et ses compagnons attendaient sur le rivage. « Sire, devinez à qui appartient le petit bâtiment que nous venons de visiter, s'écria Bonafoux au retour de sa mission? A votre tout dévoué serviteur d'hier, au gouverneur de Naples, à Manhès qui, muni d'un sauf-conduit, retourne en France avec sa famille. Il est à vos ordres, il vous attend. »

« Le chebec étant trop petit pour qu'on y pût embarquer toute l'escorte, Joachim ne prit avec lui que Bonafoux, de Coussy et Leblanc, son camérier, sans oublier certain bagage contenant, parmi des provisions de comestibles, quatre cent mille francs en or cousus dans des sachets de forte toile. Ce fut Monti qui conduisit les voyageurs au chebec. Là, Murat lui paya généreusement ses services, et n'ayant plus besoin de déguisement, il lui donna, par-dessus le marché, son bonnet, relique curieuse et dont le batelier ne voulut jamais se défaire. C'était pour lui comme un talisman. Que de fois ne l'ai-je pas vue, la royale coppola, faisant pendant à un bénitier dans l'alcôve de son lit! Il y croyait sa fortune attachée et ne l'aurait cédée pour rien au monde.

« Tandis qu'après une heureuse traversée de trois jours, Murat débarquait à Cannes, des soldats italiens venaient le chercher ici, et, furieux de ne le pas trouver, se livraient à toutes sortes d'exactions, volant, violant et massacrant comme en pays ennemi. La Sentinelle fut pillée, et je ne jurerais pas que les meubles de cette chambre eussent été ménagés. Pourtant, ne vous chagrinez pas, je garantis le lit, c'est bien celui de Murat; mon père m'a souvent affirmé qu'il en avait lui-même recollé les morceaux. »

Je n'y dormis pas moins profondément que dans celui de la folle, et mon réveil fut plus tranquille. Levé dès l'aurore, je profitai de la fraîcheur matinale pour entreprendre une longue excursion. Il s'agissait d'aller herboriser à San

Montano dont la grève produit, parmi des haies de cactus, une plante assez rare, le *pancratium maritimum*, nommée dans le pays — lis de sainte Restitute, et de jolies espèces de convolvulus, d'un bleu intense d'outremer et projetant, comme les fraisiers, leurs racines dans le sable du rivage.

Après avoir suivi le chemin creux dont les tufs fauves, rongés par la pluie, sont gracieusement mouchetés de câpriers aux rameaux d'un vert clair, aux fleurs blanches teintées de lilas, après avoir dépassé le Fungo, écueil bizarre, façonné comme un champignon, j'observais sur la marine de Lacco les pêcheurs demi-nus tirant en chantant la longue corde de leurs filets, les femmes assises en cercle prenant des bains de jambes dans l'arène chauffée par la vapeur des fumerolles, lorsque, tournant les yeux vers les maisons de la plage, j'aperçus cette enseigne, qui répondait trop bien à mes préoccupations de la veille pour ne pas arrêter ma marche : — *Alla coppola di Joacchino* (Au bonnet de Joachim). — Et, sur l'enseigne, un dessin fortement enluminé représentait la fameuse coiffure. Le tout surmontant la porte vitrée d'une *trattoria*.

J'étais précisément à jeun. J'entre, et pendant qu'on cuisinait l'inévitable macaroni : — « Quel est donc ce bonnet ? » demandai-je au restaurarateur. — « Le bonnet de l'ex-roi de Naples. — Celui qu'il portait dans sa fuite ? — Le même, authentiquement. — De qui le tenez-vous ? — De feu mon oncle Monti. — Peut-on le voir ? — Certes ! Venez. » Et m'introduisant dans une chambre du fond, il me guida près d'un lit où je vis en effet, tel qu'il m'avait été dépeint, le *berettino* pendu au mur de l'alcôve.

Mon déjeuner fini, je me levais pour sortir, quand l'hôte me prenant à part : — « Les temps sont durs, j'ai besoin d'argent, et si je pouvais trouver un bon prix de cette relique, je n'hésiterais pas à m'en défaire. — Vraiment ! Combien vous faudrait-il ? — Au moins dix piastres (soixante francs environ). — J'y réfléchirai, » répondis-je. Puis en route, à part moi : Le bonnet de Murat dans mon atelier, entre le couteau de Voltaire et l'autographe de Bossuet, quelle rare exposition ? Et combien d'envieux parmi mes visiteurs ! Ou plutôt, — du patriotisme ! je l'offre au musée des Souverains qu'on vient d'inaugurer dans les salons du Louvre, le conservateur m'adresse une lettre de remerciements, et mon bonnet, portant sur une étiquette dorée le nom de son généreux donateur, figure *ad æternum* parmi les redingotes grises, les petits chapeaux, les tabatières et autres souvenirs de l'épopée impériale.

De retour à la Sentinelle : — « Frédéric, j'ai découvert la coppola de Joachim, elle est à vendre et je désire l'acheter, mais le prix qu'on en demande me semble un peu raide. Ne pourriez-vous m'aider à obtenir quelque rabais ? — Parfaitement, mon cher, et je ne ferai pas moins pour vous que pour l'Anglais qui vous a précédé dans cette chambre, pas moins que pour le seigneur russe, pas moins que pour le grand d'Espagne, que pour les vingt ou trente autres touristes qui déjà, à ma connaissance, ont acheté le bonnet de Murat. Vous l'aurez pour cinq francs. » Dire si je fus penaud !

C'est de ce jour surtout que date mon détachement des reliques. Autant elles me passionnaient jadis, autant elles me laissent froid aujourd'hui. La couronne d'épines du Christ, le tibia de Mahomet, l'écritoire de Molière, qu'est-ce d'ailleurs auprès de leur esprit, de leur œuvre ! Des cohéritiers me laissaient le choix entre une plume ayant servi à Beaumarchais et l'édition Collin, 1809, du *Mariage de Figaro*. J'ai pris l'édition. Le susdit autographe de Bossuet a payé le compliment d'un collectionneur qui, mon émule au gymnase Triat, vantait la précision de mon saut périlleux ; et quant au couteau de Voltaire, pièce très authentique pourtant et très originale, avec grattoir, canif, fourchette et tire-bouchon, je ne saurais trop dire, à supposer que je le possède encore, dans quel coin il vit oublié, parmi mes bibelots japonais ou mes ustensiles de peinture.

XXI

LE CIMETIÈRE DES CAPUCINS.

On sait avec quelle autorité nos facultés physiques et morales se commandent les unes les autres. Leur empire réciproque atteint même parfois de telles proportions qu'on les croirait surnaturelles. J'en eus, il y a quelques années, un assez curieux exemple. Je visitais alors Palerme, ou pour mieux dire, je l'habitais, car j'y restai près de six mois. Au nombre des connaissances nomades ou siciliennes que me valut ce long séjour se trouvait un jeune artiste français nommé Marcus. Outre le goût de la peinture, il avait la manie des collections; mais ce n'était pas des médailles, des gravures ou des papillons qu'il recherchait, c'était des choses disparates, le plus souvent sans valeur, et n'ayant d'autre mérite que de lui rappeler certains moments de sa vie, certains épisodes de ses voyages.

En route depuis peu de mois, il se trouvait

déjà possesseur d'un véritable musée, entassement naïf de fleurs fanées, de vêtements, d'ustensiles de ménage, d'éclats de pierre ou de bois. J'y distinguai notamment une feuille de clématite cueillie sur le tombeau de Virgile, la clavicule d'un poulet mangé sur la cime du mont Blanc, plusieurs noyaux de dattes récoltées dans l'oasis de Biskra, le bonnet rouge porté par Murat à Casami. Ces objets si nombreux n'étaient rien pourtant, me dit-il, auprès de ceux qui garnissaient à Paris les murs de son atelier. Depuis les premiers temps de son enfance jusqu'à l'époque de son dernier départ, toute sa vie s'y trouvait chronologiquement racontée par des centaines de pareils souvenirs. Qu'il s'estimerait heureux de me les montrer au retour!

Nous allions souvent dessiner ensemble. Un jour que nous arpentions la campagne pour découvrir la Ziza, palais mauresque du temps de la domination normande, notre attention fut attirée par une procession singulière : c'était une trentaine d'hommes vêtus, par-dessus leurs habits laïques, de chasublettes écarlates avec des broderies d'or et de clinquant sur la poitrine. Celui qui marchait en tête tenait une grande croix de bois noir surmontée de cette inscription : *In hoc signo vinces*. Les autres suivaient deux par deux, tête nue, mains jointes, sauf les quatre derniers qui portaient un brancard. Ce brancard, très orné, nous produisit d'abord l'effet de ces pièces d'horticulture que les jardiniers de certains pays ont coutume de promener dans les champs le jour de la Saint-Fiacre; mais, arrivés plus près, nous eûmes bientôt reconnu notre erreur. C'était un cadavre : il avait, suivant l'usage italien, le visage découvert; une couronne d'épines lui cerclait le front.

Curieux d'étudier ces bizarres obsèques, nous renvoyâmes à un autre jour l'exploration de la Ziza, et nous suivîmes, chapeau bas, le convoi. Après dix minutes de marche il s'arrêta devant une église. Des capucins à mine rubiconde, plutôt couchés qu'assis dans un riant bosquet de lauriers, de cyprès et de chênes verts, semblaient en surveiller l'entrée. Ils ne nous firent toutefois, malgré notre tenue laïque, aucune observation. Nous franchissons donc, mêlés au cortège, le seuil d'un escalier plongeant dans des souterrains. Là devaient se trouver, comme partout ailleurs, pensions-nous, des tombeaux, des urnes, des dalles funéraires. Mais quel autre spectacle chaque degré que nous descendons dévoile à nos regards stupéfaits! Dans le demi-jour qui nous enveloppe, on dirait la galerie d'un bazar de voyage : quantité de valises, de malles, de sacs de nuit, de couvertures et autres objets concernant le touriste s'y distinguaient rangés par terre, dressés contre les murs, suspendus même au plafond.

Nos yeux n'avaient pas encore eu le temps de se faire à l'obscurité que déjà le souvenir de nos lectures nous éclaire. Brydone, Paul de Musset, Alexandre Dumas, tous les voyageurs ont décrit ce lieu. C'est le fameux cimetière des Capucins. Ce que nous prenions, en bas, pour des malles, ce sont des cercueils; mais quels étranges cercueils! Superposés, accotés ou répandus confusément, ils ont pour la plupart, au lieu de couvercle, une porte à serrure permettant de revoir à volonté le défunt. Quelques-unes de ces portes étant vitrées, l'inspection se fait plus aisément encore; elle est aussi moins exclusive. Comme les marchandises aux montres d'un magasin, le mort semble inviter les passants à l'examiner. On l'examine, et que voit-on? Des corps momifiés et vêtus suivant la fortune ou le goût des familles, les enfants couronnés de roses artificielles, les femmes en voile de noce avec des souliers de satin blanc, les hommes chamarrés de rubans et de broderies. Rien d'affreux comme le contraste de ces vêtements d'apparat avec les visages noircis, ratatinés, grimaçants, et les mains décharnées et crispées qu'ils décorent. Rien d'épouvantable surtout comme ces yeux de verre dont, à l'instar des animaux empaillés, certains cadavres sont pourvus. Ils voient, ils vivent. Vivre ainsi !

Ce que nous avions pris pour des couvertures, c'étaient les frocs des capucins défunts qui, rangés en bataille et formant, ici deux, là trois files superposées, occupent la partie moyenne des parois. La tête manque à quelques-uns, à d'autres un bras, une main, une jambe. Nombre, dont l'attache du cou s'est accidentellement rompue, penchent à droite, à gauche, en avant, comme des soldats mal dressés. Tous ils portent une étiquette où leurs noms sont écrits. Au-dessus d'eux règne en forme d'attique, debout aussi et de toute taille, une légion de bambins; quelques-uns encore au maillot pendent accrochés aux frises.

Nous marchions au hasard, silencieux, le cœur serré, lorsqu'en jetant les yeux sur l'entrée, nous en vîmes avec effroi la porte tourner sur ses gonds et se refermer. Les gens du cortège avaient disparu. Nous restions seuls, oubliés peut-être. Allais-je, comme dans le nez de saint Charles, passer la nuit sous ces horribles voûtes? Nous courons à la porte et la heurtons avec violence. Elle se rouvre aussitôt. C'était un capucin, le frère cicerone, chargé de recevoir les étrangers, qui, nous ayant vus descendre et pensant accroître ses droits au pourboire traditionnel, nous avait joué cet aimable tour. — « Vos Excellences l'ont échappé belle ! » s'écria-t-il du ton d'un homme qui vient de vous sauver la vie. Et, faisant sonner des clefs, il nous invita à le suivre. C'était pour nous montrer certain trou où s'opère, moyennant un courant d'eau minérale, la momification des cadavres. Nous y vîmes celui que nous venions d'accompagner, déjà couché tout nu sur une grille de fer, et commençant les six mois de traitement qui lui vaudront l'honneur de figurer jusqu'au jugement dernier dans la crypte.

Comme nous allions en sortir, nos pieds heurtèrent un petit coffre sans couvercle, à demi brisé, portant à son chevet le nom de Salvatore Galdi, et contenant les restes d'un enfant. La tête, grosse tout au plus comme une orange, était séparée du tronc. Marcus, tenté par son dada, la prit et, l'approchant de ses yeux, l'examina d'un air qui fut bientôt compris par le capucin, habitué de longue date, sans doute, aux excentricités britanniques. — « C'est le dernier rejeton d'une famille éteinte depuis deux cents ans, » insinua notre guide. « Personne ne s'y intéresse plus. Si la tête plaît à Son Excellence... » Pour toute réponse, Marcus la mit dans sa poche. — « Impie ! » lui dis-je en plaisantant, comme nous remontions l'escalier. Cette apostrophe parut le contrarier. — « Impie ? » répliqua-t-il. « Si vous voyiez comment les étudiants en médecine traitent nos mânes à l'amphithéâtre ! » Il fit, en achevant ces mots, un faux pas. Ce n'était rien, pensâmes-nous d'abord. Mais à l'hôtel sa jambe enfla. Un médecin fut appelé, qui déclara une entorse. On sait combien ces accidents demandent de temps pour guérir. Après quinze jours de lit, notre malade, à bout de patience, partit avec ses collections pour aller finir sa cure à Paris.

De retour aussi le printemps suivant, je n'eus rien de plus pressé que de courir à sa demeure. Ce fut une dame âgée, sa mère, qui me reçut. Impossible, me dit en pleurant la pauvre femme, de me faire entrer dans sa chambre. Il ne voyait absolument personne. Son entorse était guérie, mais un autre mal, bien plus sérieux évidemment, puisque les docteurs eux-mêmes en ignoraient la nature, épuisait lentement ses forces. Il ne se levait le matin que pour rester assis une heure ou deux dans un fauteuil. A peine s'il mangeait. Ni la peinture ni ses collections ne semblaient plus l'intéresser. Ses nuits étaient affreuses, remplies de crises et de cauchemars. On l'entendait alors prononcer des phrases incohérentes où revenaient souvent les mots de cimetière, de capucin et de tête de mort.

« Permettez-moi, je vous prie, d'insister, » dis-je à la dame. « Mettez-lui seulement ma carte de visite sous les yeux. » Elle y voulut bien consentir. Deux minutes ne s'étaient pas écoulées que Marcus m'appelait d'une voix éteinte. Je le trouvai couché sur le dos, pâle, émacié, méconnaissable. D'un geste affectueux il congédia sa mère, puis, m'ayant attiré vers lui : — « La cause de ma maladie est si ridicule que je n'ose la dire à personne. Je vais vous l'avouer, à vous, car vous seul entre tous les gens que je connais me semblez assez bon, assez brave et surtout assez indépendant pour assumer la difficile tâche de ma guérison. Vous disiez bien : c'était impie. Le rapt de cette petite tête m'a porté malheur. Sur le seuil même du caveau, l'entorse ; en mer, une tempête où le paquebot a failli sombrer ; en chemin de fer, un déraillement, quatorze blessés ; ici, les transes, l'agonie. Je ne puis m'endormir que ce Galdi ne m'apparaisse en songe, agenouillé, l'attitude suppliante, et montrant de ses doigts décharnés la place de sa tête vide. Veillé-je, c'est sa tête même qui, bien que demeurée au fond de ma valise, s'offre à moi penchée, grimaçante et versant des pleurs. Ce ne sont là, je le sais bien, que des hallucinations, mais elles ne m'en tuent pas moins, et je sens que ma vie n'a plus que peu de jours à compter si cette tête n'est pas promptement rendue à son maître. »

Dans ce temps-là je ne rêvais que fugues. A peine rentré, l'envie me prenait de repartir. Je n'avais pas d'ailleurs quitté Palerme sans regret. Et puis Marcus était le meilleur garçon du monde; il m'avait en mainte occasion donné des preuves de dévouement. C'est donc sans nulle hésitation que je lui dis : — « Je ferai votre commission. Donnez la tête. » Il m'indiqua le coffre qui la contenait. Je la pris, l'emportai, et dès la semaine suivante je m'embarquais à Marseille pour la Sicile.

La traversée fut magnifique. A la vue du Pellegrino, des monts Gallo, Zaffarano, Griffone et autres sommets pittoresques dont est encadrée la Conque-d'Or, je me sentis comme ivre de joie. Il ne s'agissait pas seulement, en effet, égoïstes satisfactions, de dessiner les romantiques aspects de la Ziza, de Mare Dolce, de l'Orète, de savourer chez Guli la délicieuse cassata, de parcourir les allées embaumées de la Flora et de la Favorite, d'entendre les concerts du soir au bord de la mer; je venais sauver un ami de la mort! Ma tête toutefois ne passa pas sans difficultés. Les douaniers s'émurent, la police m'interrogea. J'eus beau répondre que c'était un modèle, une relique, l'objet fut provisoirement confisqué. Je ne pus le ravoir que grâce à l'intervention du consul de France.

J'emmenai au cimetière un photographe avec ses instruments. Le frère cicerone se trouvait fort à propos sur le seuil. Je le priai de nous conduire auprès du petit Galdi. Tout s'y retrouva par bonheur comme nous l'avions laissé. Je me baissai, tirai la tête de ma poche et la remis à sa place. Le capucin s'était également accroupi. Tableau. — « Ne bougeons plus ! » m'écriai-je ; « et vous, monsieur le photographe, à l'œuvre ! » L'opérateur, à qui j'avais d'avance indiqué sa besogne, nous mit en joue avec son objectif, et je pus envoyer à Marcus non seulement un procès-verbal de restitution, daté de Palerme, signé de moi et contre-signé par le directeur du couvent, mais encore une image qui en précisait on ne peut plus authentiquement les détails. Huit jours après, notre imprudent collectionneur était guéri.

XXII

CHEF DE BRIGANDS.

J'avais pour compagnon de mon premier voyage en Sicile un de mes amis de collège, naturaliste passionné dont le cœur ne palpitait pas moins à la vue d'une bête rare que le mien à l'aspect d'un horizon pittoresque. — « *Carissimi forestieri*, » nous dit un jour le conservateur de la bibliothèque communale, l'aimable et savant abbé Joachim, « vous devriez aller explorer la vallée de Saint-Martin. Outre une chartreuse admirable, vous y trouverez à foison, l'un, des arbres, de l'eau, des rochers pour ses pinceaux; l'autre, des papillons, des mouches, des scarabées pour ses filets et ses boîtes à liège. — Est-ce loin ? — Cinq petites lieues. — Y pourrait-on passer un jour? — Huit jours, un mois, un an, toute la vie. La Suisse n'a rien de pareil. — Mais où manger, où coucher? — A la Chartreuse, donc! Les pères sont d'excellentes gens, aussi hospitaliers que riches. Ils vous recevront à bras ouverts et vous feront goûter d'un vin de Syracuse, de certains cédrats confits... Je ne vous dis que cela ! »

Comme à Staouëli, pensai-je ; et le lendemain de bonne heure nous partions avec nos ustensiles. Une voiture de louage nous fit traverser au galop de deux chevaux empanachés l'immense vallée de Palerme, cet incomparable jardin auquel sa fertilité, sa splendeur, ont valu le surnom fameux de Conque d'Or, et nous déposa au pied des montagnes, dans le petit village de Bocca di Falco. Là, commençait la partie pédestre de notre excursion. Charmant début. Rien de curieux, rien d'amusant comme Bocca di Falco. Toutes les rues sont en pente rapide, et des rochers d'un ton sanguin surmontent des fabriques bizarres qu'encadrent les fonds azurés de la plaine. On y trouve quelques pauvres boutiques. A l'une d'elles nous achetâmes une poignée de cerises et deux petits pains siciliens. Pure fantaisie : les cerises comme passe-temps, les pains pour me servir au besoin de gomme élastique. Nous avions pris le café avant de partir, et nous comptions dîner vers trois heures. Je n'oublierai jamais le poids que, pour peser nos cerises, le marchand mit dans sa balance : une pierre. Tel est pourtant encore, dans la plupart des localités siciliennes, l'état des rapports commerciaux.

Au-dessus du village on retrouve, comme au-dessous, une végétation active d'oliviers, de cactus, d'amandiers, d'aloès, que mélangent déjà, vu l'altitude et le climat, quelques essences septentrionales. Nous suivons un ruisseau dont les méandres, accidentés de cascatelles susurrant parmi les bruyères, sont ombragés de trembles, de figuiers, de cerisiers rouges de fruits, où s'enlacent des festons de vigne et de volubilis. La solitude est complète. Pas d'autre vestige humain que deux ou trois chalets couverts de lierre. Pour ajouter par le contraste au charme de ce vallon, des monts arides l'encaissent, projetant dans le ciel d'un indigo cru leurs cimes acérées et fauves comme les rochers de Provence. Nous étions tellement et si agréablement occupés, l'un à ses chasses, l'autre à ses croquis, les heures s'étaient si vite écoulées, que nous nous croyions à peine sortis du territoire de Boca di Falco, lorsque nous apparurent, immenses comme une ville et solitaires au fond de la vallée sauvage, les bâtiments de la Chartreuse. Électrisé par cette vue, je presse le pas; mais mon camarade : — « Ceci concerne l'artiste plus que l'entomologiste. Laisse-moi poursuivre ma course aux insectes du cru, et va te régaler pour nous deux de reliquaires, de triptyques et autres curiosités monacales. Occupe-toi aussi, occupe-toi surtout du dîner. Rendez-vous à trois heures au seuil du couvent. »

Attendu son isolement au milieu de régions souvent infestées de malfaiteurs, la Chartreuse de Saint-Martin est entourée de murs comme une forteresse. Au-dessus de ces murs, fort élevés et couronnés d'arbustes, s'élèvent les bâtiments, dont l'aspect n'est rien moins que morne. Ils sont d'architecture italienne, percés de nombreuses fenêtres et décorés de peintures à fresque. *Monasterium valde famosum*, ainsi le désignait le pape Grégoire XI. La grille de fer, fixée par de solides gonds à des piliers surmontés de lions héraldiques, en défend l'entrée principale. Nous étions partis de Palerme fort négligemment vêtus. Qu'avions-nous besoin de toilette ! Ma jaquette de coutil et mon chapeau de feutre mou me semblèrent toutefois un peu rustiques auprès d'une si splendide demeure. Aussi, pour l'aborder, crus-je devoir endosser le pardessus en alpaga que j'avais apporté crainte des fraîcheurs du soir. Ainsi requinqué, je sonne à la grille.

Un cerbère d'aspect farouche sort comme à regret de sa loge et vient m'ouvrir. Sur mon désir poliment exprimé de visiter la Chartreuse, il me fait traverser de beaux jardins à allées bien sablées, relance dans sa cellule un moine à mine rébarbative, lequel à son tour fait mander le cicerone attitré de l'établissement. Ce troisième personnage, vêtu en laïque et l'air des plus impertinents, commença par m'examiner des pieds à la tête. Mon costume parut médiocrement lui plaire, mais ce qui l'offusqua le plus ce fut la pique de mon parasol dont je me servais en manière de canne. Il me la prit des mains tout d'abord, m'affirmant, pour s'excuser d'une mesure si blessante, que la règle prohibait l'entrée du monastère aux personnes armées; que les militaires, les nobles, que le vice-roi lui-même y devaient déposer leur épée sur le seuil.

Ce dit, il me promena lentement par les corridors, par les musées, par les chapelles, me surveillant du coin de l'œil, me tenant à distance respectueuse des curiosités et m'empêchant surtout de toucher à quoi que ce soit. La Chartreuse de Saint-Martin est une des plus opulentes du monde. Les cours en sont entourées de portiques aux colonnes de marbre blanc, aux chapiteaux habilement fouillés; un monde de statues, de tableaux, d'objets d'art, orne l'église, la sacristie, la bibliothèque, les dortoirs et jusqu'au moindre recoin. On y voit, entre autres chefs-d'œuvre, un

Saint Martin au manteau par Marabitti, une *Piété* de Canova, un *Saint Dominique* de l'Espagnolet, un *Saint Benoît* de Novelli, et plusieurs magnifiques toiles de Zoppo di Ganci, le plus original des maîtres siciliens. Un musée archéologique renferme, en outre, une collection de bibelots aussi curieux que bizarres. On m'y fit remarquer des momies, des étrusques, des priapes et jusqu'à des enfants à deux têtes conservés dans l'esprit-de-vin.

Ma visite terminée, et mon guide m'ayant reconduit à la grille, je le priai de remettre à qui de droit un écrit dans lequel j'expliquais, aussi clairement que possible, la position intéressante de deux gentilshommes français qui, venus pour étudier le pays, et ne pouvant retourner à Palerme que le soir, se trouvaient dans la nécessité de solliciter des bons Pères la faveur d'une modeste collation. — « Inutile de déranger pour si peu le supérieur, » me dit le guide d'un ton mielleux. « Quand voulez-vous dîner ? — A trois heures. — Soit. » Et, me rendant ma pique, il ajouta : — « Au revoir. A trois heures. Promenez-vous en attendant. Bonne chance ! » Les excellentes gens ! pensai-je en m'éloignant de l'hospitalière demeure. Cette heureuse disposition d'esprit m'en fit trouver les alentours doublement admirables. J'y passai quatre heures à flâner, à contempler, à m'extasier, à dessiner, à peindre. Et quels sites! Lointains légers, premiers plans vigoureux, rochers, vieux arbres, torrents écumeux roulant sur des lits de cailloux au fond de sombres abîmes, gazons fleuris, lauriers-roses, troupeaux de chèvres et, pour les amateurs de fabriques, la masse imposante du cloître avec ses murs crénelés et sa coupole orientale.

Exact au rendez-vous, mon ami parut à trois heures précises, le sourire sur les lèvres et le front radieux. Fortuné chasseur, il avait enfin capturé le roi des papillons siciliens, un *Etna!* Il me le montre avec transport. J'exhibe mes croquis. On se congratule. Mais la fatigue et la faim nous épuisent. Vite au monastère. Quel bonheur! nous allons donc enfin pouvoir nous reposer et manger. La grille est fermée. Nous sonnons. Pas de réponse. Nous ressonnons deux fois, trois fois, quatre fois, dix fois. Rien que les aboiements d'un chien. A force de vacarme on finira par nous entendre. Le portier se montre en effet : — « Que voulez-vous? — Dîner. — On dort. — N'importe; nous mourons de faim. Ouvrez-nous. — Je n'ai pas la clef. — Quand l'aurez-vous? — Demain. » Et le voilà qui se met à rire, à se moquer de nous en nous montrant du doigt à plusieurs marmitons, jardiniers, balayeurs et autres gens de service qu'avait attirés le tapage.

Nous étions mystifiés, rien de plus évident; mais dans quel but et pour quelles raisons des religieux bien nés, — San Martino ne reçoit en communauté que des nobles, — instruits et connus pour leur politesse, nous auraient-ils traités comme aucun d'eux assurément n'eût osé faire à l'égard du dernier des misérables? Cette pensée nous obséda tout le temps du retour, qui fut, comme bien on pense, assez mélancolique. Une grande heure au moins nous séparait de Bocca. Que fussions-nous devenus sans les petits pains du matin et qui tout le jour étaient restés oubliés au fond de nos poches! Nous les en retirâmes avec soin, comme on ferait d'un trésor, et, fuyant l'odieux monastère, nous les allâmes dévorer au bord d'un ruisselet chargé de nous fournir les liquides. O le vin de Syracuse! ô les gâteries du programme! Ce ne fut pas le travail de la digestion qui nous empêcha de descendre. Nous courions, nous volions; mais à peine avions-nous perdu de vue la Chartreuse que nous fûmes rejoints par une espèce de bandit armé d'un fusil tromblon. Nous modérons notre marche afin de le laisser passer. Il nous imite. Au galop derechef, alors! Il regalope. — « Que nous voulez-vous? — Faire la route et causer en bonne compagnie comme la vôtre. — Merci du compliment. » Il faut se résigner. On cause. L'intrus n'est pas aussi dangereux qu'il semblait. Son humeur est même joviale, et c'est avec des poignées de main qu'il nous quitte à Bocca di Falco.

Sites ou papillons ne nous préoccupent plus cette fois. Nous cherchons un restaurant. Le voici. *Trattoria amichevole*. Enseigne engageante. — « Vite, à manger. — C'est deux heures trop tôt. — Comment? — Les boucheries sont vides. Pas la moindre côtelette. On ne tuera qu'après l'*Ave Maria*. N'importe, servez-nous, ne serait-ce que du pain sec. » On nous fricote un mets composé d'œufs, de fromage et de saucisson. L'appétit nous le fait trouver délicieux, et nous écrivons d'une main reconnaissante le nom d'*atto d'ova* sur nos tablettes. Puis viennent des fruits arrosés par un agréable vin blanc, cousin germain du marsala. La scène a lieu dans les rayons attiédis du soleil couchant, sous une tonnelle de vigne, au bruit de tarentelles jouées par des virtuoses de passage. Notre hôte est complaisant, son addition discrète. Suivant nos instructions, la voiture qui doit nous ramener à Palerme arrive à point, conduite par nos amis du consulat. Le pseudo-bandit au fusil tromblon, reparu sur ces entrefaites, nous ouvre galamment la portière, et c'est le cœur ragaillardi que nous rentrons à l'hôtel.

Le bibliothécaire vint nous voir quelques jours après. Je l'apostrophai vivement : — « Dans quel guêpier, cher abbé... » Il m'interrompt : — « Je sais tout. » Puis, éclatant de rire : — « Ah ! l'impayable aventure, et combien elle va vous amuser vous-même ! Mais, avant d'aller plus loin, un mot de nos coutumes siciliennes. Plus encore que les Napolitains, nous sommes vaniteux. Paraître, voilà le but de nos constants efforts. Pourvu qu'on soit bien vêtu et qu'on roule carrosse, le reste importe peu. Certains de nos *donninari*, — vos damoiseaux du moyen âge, vos petits crevés d'aujourd'hui, — parviennent, avec un revenu de moins de mille écus, à mener un train de seigneur. Delisy, — notre Dusautoy, — les habille ; on les rencontre mollement étendus dans une élégante voiture, ou montés sur un âne de prix, paradant à la Favorite. Tâchez de pénétrer chez eux, vous les trouverez dans un taudis, couchant sur une mauvaise paillasse et se nourrissant de trognons de chou. Aussi peut-on jurer que tout homme qui, dehors, manque de tenue, n'est qu'un pauvre diable. — Alors, nous, avec notre négligé de touristes... — Oh ! vous, c'est autre chose. Étrangers, chacun vous connaît ; Français, chacun vous adore. (C'était l'année de Solferino.) Tout ce qu'il vous plaîra de mettre, veste ou bonnet de coton, semblera riche ou distingué, à Palerme du moins, car extra-muros... Je conclus. Le bruit court depuis deux mois qu'une bande de brigands infeste le vallon du Monte Cuccio, au fond duquel se trouve la Chartreuse. Eh bien, avec votre bâton ferré, vos guêtres, votre vareuse et votre grand chapeau, savez-vous pour qui l'on vous a pris au couvent? Pour leur chef. — Chef de brigands ! — Et pour vous en convaincre, rappelez-vous la répugnance avec laquelle on vous reçut, la surveillance dont vous fûtes l'objet, les portes refermées derrière vous. On craignait tant qu'une fois dans la place vous n'y fissiez entrer vos complices ! Rappelez-vous encore l'individu qui vous accompagna, bon gré, mal gré, jusqu'au village. Ce n'était autre qu'un gendarme de la communauté, chargé d'épier vos actions et même de vous arrêter si l'arrivée et l'accueil d'amis convenables n'avaient dissipé ses soupçons. »

Nous étions frappés de stupeur. Avoir insciemment couru de tels dangers ! Mais la gaieté reprit vite le dessus, et l'abbé Joachim, opinant qu'on nous devait une réparation, insista pour nous faire aller une seconde fois à la Chartreuse. Il nous y conduirait lui-même, et force nous serait bien d'avouer que le vin de Syracuse et les cédrats confits ne sont pas un mythe chez les bons pères. Malheureusement, le bruit se confirma de la présence des brigands dans la montagne, et, doutant que nos costumes produisissent sur eux le même effet que sur les moines, nous préférâmes remettre la partie à des jours meilleurs. Ces jours, après vingt ans, ne sont pas encore venus, témoin les drames récents de Misilmeri et de Cefalù. On peut en toute sécurité parcourir les steppes sauvages de notre colonie algérienne, affronter le Sahara, visiter Insalah, Metlili, Géryville, on ne saurait impunément se hasarder dans la banlieue même de Palerme.

XXIII

CALIXTE.

Naît-on voyageur comme on naît poète ou rôtisseur ? Je pencherais volontiers pour l'affirmative s'il ne fallait aussi bien attribuer à l'impression des premières lectures l'amour des voyages qui s'empara de moi dès l'enfance. Toujours est-il qu'à l'âge où communément l'ambition ne vise guère plus loin que l'adresse aux billes ou la vitesse aux barres, je rêvais déjà traversées, circumnavigations, périples. Les lauriers de Christophe Colomb, de Cook, de Dumont d'Urville, troublaient mon sommeil. Quel plus glorieux emploi de ma vie que d'aller comme eux découvrir sinon de nouveaux continents, — il n'y en a pas des douzaines, — au moins des montagnes, des fleuves, des végétaux inconnus ! Lorsque plus tard, à la vue d'une exposition de tableaux, me fut venu le goût du dessin, le voyage dut à mes yeux son principal attrait au paysage. Parcourir de beaux pays, en croquer les sites de choix, y faire provision d'études pour les compositions de l'atelier, quel sort plus digne d'envie ! Enfin, aux approches de la vingt-ciquième année, lorsque fut exactement fixée la nature de mon tempérament, délicat, impressionnable, ennemi de l'ombre et du froid, j'entrevis dans le voyage, outre le succès de l'explorateur et l'enseignement du peintre, le salut même de l'individu. Ne trouverais-je pas pour moi, sous d'autres cieux, une contrée meilleure à l'existence, et qui, l'époque des épreuves venue : — chagrins, infirmités, vieillesse, — pourrait me consoler, me guérir et rendre à mes jours assombris quelques-uns des rayonnements du jeune âge ?

Malheureusement j'étais comme à l'attache chez mon père. On ne m'y permettait de loin en loin que de courtes fugues, tantôt à Meaux, tantôt à Chartres, tantôt à Melun. Paris, l'Eldorado pour moi, pour eux la Babylone, m'était sévèrement interdit, ou du moins, si par hasard on m'y laissait mettre les pieds seul, ce n'était que pour peu d'heures, à l'occasion d'une visite de cérémonie ou de quelque affaire ennuyeuse, et avec injonction absolue de revenir le soir même. J'avais beau tirer sur la corde, nul moyen de l'allonger. Force me fut de la rompre. Après plusieurs années de lutte, et depuis longtemps majeur, reconnaissant bien aux propos tenus, aux dispositions prises, que tout espoir d'émancipation amiable était illusoire, je quittai nuitamment la maison et m'allai réfugier à Paris. Paris, c'était pour moi l'étape initiatrice. L'embarcadère des longues odyssées, le tremplin des essors puissants, le centre lumineux irradiant sur tous les points du monde, c'était Paris. A Paris, mieux qu'ailleurs, on gagnait l'expérience et l'or indispensables à la vie errante; les passeports se prenaient à Paris, et de Paris s'élançaient plusieurs fois par jour ces diligences monumentales, — Messageries royales, Laffitte et Caillard, — que nous voyions traverser nos villages, rapides, cliquetantes, trompetantes et comme fières des lointaines destinations inscrites en lettres majuscules sur leurs flancs jaune potiron : — Allemagne, Suisse, Italie.

Je savais d'ailleurs trouver à Paris la précieuse assistance de mes amis de collège. Leurs lettres depuis longtemps m'y appelaient, et dans quels termes! — Ma bourse est à toi, disait l'un, élève de l'École des chartes, abondamment pensionné par une famille millionnaire. Je t'obtiendrai, ajoutait un autre, clerc obscur, les expéditions de l'étude; c'est un travail aisé et rémunérateur. Un troisième enfin, Aigremont, étudiant en droit et sur le point de partir en vacances, mettait pour deux mois à ma disposition sa chambre de la rue Racine. Je descendis donc à l'hôtel, pauvre d'argent, mais riche en mon idée de ces belles promesses, ignorant encore, hélas! que ce qu'on offre à Crésus on le dénie à Job. Mon changement de condition, qu'ils avaient pourtant provoqué, suffit pour m'aliéner la plupart de ces bons amis. Ceux du grand monde n'eurent rien de plus pressé que de consigner à leur porte « l'enfant prodigue », dont la modeste figure eût fait tache dans leur brillant entourage. Celui-là même qui m'avait offert son intervention pécuniaire se refusa, pour ne pas, dit-il, indisposer ses parents, à la plus modique avance. Pour la place d'expéditionnaire, il se trouva que non seulement elle était déjà promise à nombre de compétiteurs, mais que l'occupant ne songeait nullement à l'abandonner.

Restait la chambre d'Aigremont. Avec cela, pensai-je, et cent cinquante francs que j'ai dans ma poche, on peut attendre pendant deux mois du travail, et deux mois d'avance à Paris, c'est la fortune assurée. Mon diplôme de bachelier ne saurait me valoir moins qu'un emploi de correspondant, de secrétaire ou de chef de bureau. Qui pourrait dire si, dans un an, les économies que je vais me trouver à même de faire ne suffiront pas à quelque beau premier voyage. Allemagne, Suisse, Italie! — *La Laitière et le Pot au lait.* — Aigremont n'était pas seul quand j'allai le voir pour sa chambre. Il causait avec un jeune homme de notre âge, mais dont les vêtements d'étoffe grossière et de coupe provinciale accusaient un rang plus modeste. — « C'est Calixte, un *pays*, » dit-il en me le montrant comme on ferait d'un domestique ou d'un frère de lait. Puis, lui tournant le dos et s'asseyant près de moi : — « Une confidence... » A ces mots, le visiteur se retira discrètement vers la fenêtre et s'y tint debout, la tête penchée dehors. La confidence avait pour objet la désespérante découverte d'une légion de punaises dans le bois du lit que je devais occuper. — « Impossible à mon cœur, » ajouta le prudent ami, « de te laisser manger vif. On doit d'ailleurs soufrer les meubles, gratter les murs, changer le papier. Juge l'agrément... » Et, comme pour noyer la vilenie de sa rétractation dans les gais propos d'une causerie intime, il me fit conter mon évasion d'Yèbles, mes projets de voyage, et m'assura que, malgré la médiocrité de mes ressources, je pouvais parfaitement, avec du travail et de la conduite, me tirer tout seul d'affaire.

Il y a, dans les premiers regards échangés entre

deux inconnus, je ne sais quoi d'ouvert et de pénétrant tout ensemble qui leur donne la mesure de leurs sympathies. S'aimera-t-on? se détestera-t-on? chacun le prévoit déjà. Le pays m'avait plu nonobstant ou plutôt à cause de sa bure. Je tins à le saluer avant de partir; mais j'eus beau parler fort, tousser, pousser bruyamment mon siège, rien ne put rappeler son attention vers nous. Il me fallut marcher à la fenêtre et toucher l'épaule du distrait. Je profitai de l'occasion pour jeter un coup d'œil sur l'objet de son extase. C'était une basse-cour. A l'époque dont s'agit, on trouvait encore, au centre même de la capitale, des écuries, des porcheries et même des poulaillers.

Quand le bon Dieu se mêle de nos amitiés, rien n'égale son habileté et sa persistance. J'avais oublié ma canne chez Aigremont. Il chargea son compatriote de me la rapporter. Je fis asseoir, comme bien on pense, l'officieux commissionnaire. — « Voilà, » me dit-il, après quelques phrases banales, « la seconde fois que nous nous voyons, et pourtant il me semble vous connaître depuis mon enfance. Je dois confesser toutefois que, malgré la distance respectueuse à laquelle je me suis tenu de vous ce matin, pas une seule de vos paroles ne m'est échappée. Le singulier rapprochement! Comme vous j'ai quitté ma famille avec un projet dans la tête, comme vous je suis venu furtif à Paris, comme vous j'ai débuté avec une demi-douzaine de louis dans la poche; mais, plus avancé, j'ai déjà remporté quelques avantages. Un petit mobilier acheté d'occasion, un cabinet loué pour presque rien dans le coin d'un grenier, un emploi de commis obtenu à force d'importunités dans un magasin de gros, et si je me trouve encore loin de mes châteaux en Espagne, — je vous dirai plus tard lesquels, — au moins puis-je me considérer comme plus loin encore des difficultés du départ. Il n'y a, suivant le proverbe, que le premier pas qui coûte. Le mien est fait, voulez-vous me permettre d'aider maintenant au vôtre? Voyons, pour commencer, je n'ai qu'un lit, mais il a deux matelas, et je vous en offre un de grand cœur. »

J'acceptai. Castor et Pollux, Achille et Patrocle, Oreste et Pylade, Harmodius et Aristogiton, vous tous enfin, grands copains de l'antiquité, vous dûtes tressaillir aux préludes de cette amitié naissante dont votre qualité d'ombres élyséennes vous permettait de prévoir la force et la durée. Je quittai sur-le-champ le coûteux hôtel où je logeais depuis mon arrivée, et, mon petit paquet de hardes à la main, je suivis Calixte à sa chambre.

Ah! je sais bien que sur dix jeunes gens, neuf eussent agi tout l'opposé de moi. Bravant la famille, escomptant leur futur patrimoine, ils se fussent cramponnés à force d'emprunts et d'expédients à l'état de luxe et d'oisiveté. Mais je pressentais les combats, les déboires, les servitudes de cette position délicate, et tel était à mes yeux le prix de l'indépendance que, pour en jouir, j'aurais consenti à travailler douze heures par jour, à manger du pain sec et à coucher sur la paille. Or, pour donner suite à mes résolutions d'ordre et d'économie, j'avais enfin compris que mes amis de collège et mes connaissances du monde me seraient moins utiles que nuisibles. A chaque instant humilié par leur train ou détourné par leur exemple, j'aurais mené sans compensation une existence abreuvée d'amertume. Tandis qu'un jeune homme pauvre et laborieux, mais rompu par une expérience précoce aux difficultés de la vie, ne pouvait que m'être un mentor précieux dans la voie de travail et de privations où je venais de m'engager.

Calixte demeurait sur le quai de la Mégisserie. Je vivrais cent ans que les moindres détails de son gîte bizarre resteraient dans mon souvenir. C'était au nº 59, démoli depuis, je suppose, pour faire place aux riches hôtels qui bordent aujourd'hui la

Seine, de Charenton au Champ de Mars. La nuit tombait. Mon guide ouvrit, par des moyens à lui, une petite porte garnie de barreaux comme les cages des lions et des panthères au Jardin des plantes, enfila lestement un corridor noir et se mit à grimper un escalier en colimaçon. M'entendant toquer les marches et trébucher à chaque pas, il me prit charitablement par la main et me hissa, plutôt qu'il ne me conduisit, au dernier étage de la maison. Je croyais l'ascension finie; nous n'en avions fait que le plus facile. Calixte s'arrêta quelques instants sur le palier, tira de sa poche un rat de cave, l'alluma par la mèche, mit la pelote entre ses dents, et, saisissant des deux mains les rampes d'une échelle quasi perpendiculaire, il me fit signe de le suivre. C'était vertigineux. On ne voit cela qu'à Paris. Peut-être croirez-vous que je m'attristais au souvenir du confortable imprudemment abandonné de la maison paternelle. Rarement, au contraire, mon cœur ne s'était senti plus léger, et je répondais par des éclats de rire aux plaisants propos de mon hôte. Cette échelle, en effet, bien plus que les escaliers d'un palais, n'était-elle pas pour moi le chemin de la liberté et des voyages ! D'ailleurs, rien de tel, pour désopiler, qu'un peu de gymnastique. Les bâtons, quoique vermoulus, tinrent bon, et nous atteignîmes sans accident le vingt-deuxième, qui formait le seuil même de la chambre.

C'était, il faut bien le dire, moins un logement humain qu'un colombier. On ne pouvait s'y tenir debout qu'au milieu. Le sol, grossièrement revêtu de carreaux, ondulait sous les pieds ; le plafond, creusé, bombé, vallonné, figurait assez exactement le plan en relief d'un pays de montagnes. Aucun des murs n'était d'aplomb ni d'équerre. Une poutre énorme traversait horizontalement la pièce comme un juchoir. En haut s'ouvrait sur le ciel une tabatière d'un mètre carré. Le lit, deux chaises, une table pour la toilette meublaient cet intérieur propre sinon luxueux. En un tour de main les matelas furent découplés. On laissa le plus mince à la couchette, le meilleur fut posé par terre. Les habits, les pantalons, les manteaux suppléèrent aux couvertures, les sacs de nuit aux oreillers, et bientôt nous pûmes jouir de ce sommeil profond et bienfaisant qui suit les fêtes du cœur. — « Bonsoir ! — A demain !... » Et, le jour paru : — « Que regardiez-vous donc hier si attentivement dans la cour, chez Aigremont ? » dis-je en me réveillant. Ce souvenir me préoccupait au point d'avoir à trois reprises traversé mes songes. — « Des poules. — Des poules ! quel intérêt... — Vous aimez les voyages, et c'est pour satisfaire ce goût que vous cherchez à gagner de l'argent. Chacun son dada; moi, j'aime les poules. Les poules, entendons-nous, les poules avec leur accessoire obligé, les canards, les lapins, les oies, voire les cochons, la basse-cour enfin avec son potager et son habitation rustique où, pendant les années d'affaires, on va se récréer le dimanche, et où, le temps de la retraite venu, on passe doucement ses vieux jours, l'été sous la tonnelle à l'ombre des pampres, l'hiver dans l'âtre au coin du feu, loin de l'agitation des rues, du monde et de la politique. »

Je profitai quinze jours environ du matelas de Calixte, et certes jamais, depuis, ni vie de château ni réception princière n'ont primé dans ma reconnaissance cette hospitalité pauvre mais cordiale. Les poètes se sont surtout inspirés de l'amour; ils n'ont pas assez chanté l'amitié. Tout concourait à nous lier : même âge, goûts pareils, égalité de positions, semblable entraînement vers un goût défini. Chaque matin, avant de nous lever, nous causions plus d'une heure; nous nous racontions notre enfance, nos études, nos aventures; nous formions des projets pour le soir, pour le lendemain, pour la vie. Ensemble nous descendions le fantastique escalier; et sur le seuil de la porte aux barreaux nous nous quittions, Calixte pour courir à son magasin, moi pour vaquer à mes ingrates corvées de solliciteur. Le soir nous nous trouvions au dîner, repas modeste que suivaient d'aussi modestes plaisirs, — une promenade aux Tuileries, une visite chez des connaissances, ou même simplement, en cas de mauvais temps ou de fatigue, la lecture d'un bouquin à la fenêtre de notre mansarde.

Enfin, à force de conduite et de persévérance, je réussis à me créer un commencement de position. Un ami de la famille, greffier en chef au tribunal de commerce, m'admit dans ses bureaux, et Yèbles radouci me fit une pension qui, jointe au fruit de mon travail, de jour en jour plus productif, suffit à défrayer mon indépendance. Je quittai le colombier de Calixte et pris un logement dans son voisinage ; mais pour ne plus demeurer ensemble nous ne nous en vîmes pas moins assidûment, et le bon Dieu, ou si vous aimez mieux, sceptique, la providence, — sans le grand P qui la pourrait entacher de connivence religieuse, — la providence, dis-je, toujours soigneuse d'entretenir et d'accroître une amitié si rare, nous fournit tour à tour et mainte fois l'occasion de nous dévouer l'un pour l'autre. Qui des deux fut, en ce sens, le plus large, le plus prodigue, je serais fort embarrassé de le dire. Les bons conseils, les menus soins, les grands services, s'échangeaient si libéralement entre nous que c'eût été peine perdue de compter. Aussi l'idée ne nous en vint jamais.

Un parallèle touchant de nos destinées, c'est que nous avons franchi presque de front les degrés qui conduisent de la pauvreté à l'aisance. Ainsi, tandis que ma pension et mes appointements grossissaient peu à peu, que les rentes m'arrivaient par les tristes voies de la succession, Calixte, de son côté, passait premier commis de magasin, se créait une maison, se faisait une clientèle et réalisait de sérieux bénéfices. Aussi nous trouvâmes-nous toujours simultanément en mesure d'augmenter notre dépense et d'accroître notre bien-être. Ensemble nous descendîmes des combles au troisième étage, ensemble nous quittâmes la gargote pour le restaurant, ensemble nous nous donnâmes la bonne, ensemble le valet de chambre. A mes voyages aussi, plus lointains tous les ans, répondaient pour lui, chaque été, de plus confortables villégiatures. Le temps de ma modeste excursion en Bretagne, il le passait à Courbevoie, chez un maître fumiste, sans autre basse-cour qu'une rangée de cages à poulets. L'année suivante nous voyait, moi pousser jusqu'en Suisse, et lui se payer à Passy le luxe d'un pavillon suffisamment garni de volailles. A Naples, j'apprenais son installation pour six mois dans une villa d'Auteuil flanquée d'une mare à canards et coiffée d'un pigeonnier en ardoises. Enfin, c'est encore simultanément qu'aboutirent, comme on va voir, nos suprêmes aspirations.

Après avoir interrogé la Provence, le Var, la Corse, l'Italie, Palerme, et passé à Alger, outre quatre hivers, deux étés, j'étais enfin fixé sur la supériorité, pour mon état, pour mes occupations, pour mon bonheur, de ce dernier séjour sur tous les autres. Nulle part le touriste n'avait trouvé résidence plus agréable, accueil plus sympathique, nulle part l'écrivain sujet de livres plus intéressants, nulle part l'artiste horizons plus splendides et motifs de peinture plus originaux, nulle part enfin le malade air plus salubre et climat plus réparateur. Alger donc devenu ma patrie d'adoption, ce n'est plus qu'à titre de visiteur que je fis, en 1865, le voyage de Paris. Les parents embrassés d'abord, je courus chez Calixte. Il prenait son chapeau pour sortir. — « C'est un bon génie qui t'amène, » fit-il en me sautant au cou. « Je pars pour la campagne, et je t'embarque avec moi. — Volontiers, mais qui, de Passy, d'Auteuil ou de Courbevoie, a cette année l'honneur de ta préférence? — Ma préférence est mariée. Je voulais t'en ménager la surprise, de là motus sur ce sujet dans mes lettres. Je suis propriétaire, et c'est chez moi,—chez nous, veux-je dire, que je te conduis. »

Nous prenons le chemin de fer, ligne de l'Ouest, et descendons de vagon à la station de Sèvres. Là, tournant le dos au village, nous nous dirigeons vers les bois qui couvrent le coteau. Sur leur lisière, très romantique, émaillée de fleurs sauvages, mon guide ouvre une porte. Nous sommes arrivés. Parfait ! voilà bien exactement l'asile rêvé et tant de fois décrit par lui dans nos entretiens de jeunesse : l'habitation simple et commode avec son péristyle de feuillage, le jardin maraîcher où croissent choux, laitues, radis, carottes ; la basse-cour enfin, ou plutôt le parc à volailles. C'est par là que nous commençons. Après quelques mots échangés tout bas avec la servante : — « Festin ce soir, » me dit Calixte, « nous mangeons la Sultane, crèvecœur de premier choix. Marthe ! apportez la Sultane. Vois cette robe ! aussi noire que le jais. Et ces reflets bronzés, un kaléidoscope ! Mesure-moi ce camail, cette queue. Pèse à présent : huit livres au moins. La belle peau ! le tissu délicat ! Décidément la crèvecœur n'a pas d'égale, et M. Baker se moque de nous avec ses dorkings. — Faudrait pourtant pas dire du mal de vos cochinchine et de vos houdan, » hasarda le jardinier. — « Sans doute, mais chassez-les un peu par ici, que nous leur fassions leur procès. »

Tandis qu'on exécutait cet ordre, le maître mit ses lunettes, prit une corbeille pleine d'avoine et s'assit majestueusement sur un escabeau. Vingt ou trente poules défilèrent alors devant nous. Aux unes mon ami faisait la révérence, aux autres il adressait quelques mots d'éloge ou de blâme, à celles qu'il voulait examiner de plus près il offrait une poignée de grain pour les attirer. Et puis il les prenait dans ses bras, et puis il les caressait, et puis il leur baisait la crête. — « Malvina me paraît souffrante. — Je la crois phtisique, » opina d'un ton larmoyant la servante. — « Le couteau! Balthazar est trop ardent. La! la! polisson! Vous le mettrez au vert. Voilà Taglioni qui tousse. — La pluie d'hier l'a enrhumée. — A l'infirmerie! » Puis, tirant sa montre : — « L'heure des œufs. Viens-tu voir lever les œufs? » Otant alors son chapeau et le renversant dans sa main, il se mit à fureter par les poulaillers. Je le suivais des yeux, sondant des trous, retournant des nids, grimpant après des échelles. — « Vingt-trois ! » s'écria-t-il radieux en me rejoignant avec le fruit de sa chasse. « Myrza vaut son pesant d'or; voilà quinze jours de suite qu'elle donne. Regarde donc comme sa ponte est grosse et élégante! Nelly a, bien sûr, quelque vice de conformation, pour ne nous faire que des œufs bardés. Rien encore de Vénus; madame se néglige. Au riz, dimanche prochain ! »

L'inspection des œufs terminée, nous visitâmes les mères, les couveuses, les malades, les convalescentes. L'heure du dîner put seule arracher mon hôte à son califourchon. Parmi quelques brochures étalées sur un petit meuble de la salle à manger brillait, dans sa couverture de chagrin vert à tranche dorée, *le Poulailler*, de Charles Jacque, monographie des poules indigènes et exotiques, édition illustrée, véritable monument consacré à la gallinomanie par un de ses plus fervents adeptes. Mais ne laissons pas refroidir la soupe. Au potage suivirent, accommodées en omelette, les œuvres remarquables d'une variété d'ombrée coucou de Rennes. La Sultane, cuite à point, fut découpée religieusement et reçut d'unanimes éloges. On parla padoue, bantam, brahma-poutra, java, sans-queue, courte-patte, au dessert, et le café fut servi sous le péristyle, devant le parc à volailles, salon obligé du gallinophile, comme l'est pour le sportsman son écurie, et pour le savant sa bibliothèque.

Heureux au possible, mon ami n'était point tellement étourdi par son bonheur qu'il ne s'enquît aussi du mien. Et quand j'eus raconté les délices de ma vie algérienne, mes heures agréablement partagées là-bas entre la peinture, la littérature, la promenade, le gymnase, les bains de mer, ma santé rétablie, mes forces accrues, la jeunesse enfin renaissante quand d'ordinaire on commence à vieillir : — « Ne penses-tu pas comme moi ? » me dit-il, — il aimait à philosopher : — « l'ambition n'est permise qu'aux organisations de fer et aux intelligences d'élite, elle leur est même obligatoire. Ce qu'on a reçu de la nature, on le doit à l'humanité. Pour le reste des mortels, et nous sommes de ceux-là, la maxime d'Horace est préférable : *Fuge magna*, fuis les grandeurs ! C'est à la modération de nos vœux que nous devons de les voir exaucés. Si nous avions, dans le principe, désiré, moi l'opulence d'un Rothschild, et toi la gloire d'un Magellan, il est parfaitement probable que non seulement nous n'y fussions pas parvenus, mais que, découragés par la longueur et les difficultés de la route, nous n'eussions pas même atteint l'heureuse position que nous occupons aujourd'hui. Qui sait même si la fatigue ne nous eût pas tués l'un et l'autre ! Les petites passions guident, les grandes égarent. Sur cent qui visent aux sommets, quatre-vingt-dix-neuf les manquent. Qui ne prétend qu'à des hauteurs moyennes est presque sûr de réussir. Le bonheur est à mi-côte. C'est là que nous l'avons trouvé, sauf cependant un *desideratum* : nos paradis respectifs sont trop éloignés l'un de l'autre. Qu'affrontant nos frimas, tu nous restes, ou que, bravant ton siroco, j'aille là-bas te rejoindre, c'est le seul vœu sensé que nous devions former désormais. »

Sautons douze ou quinze mois. — « Tant qu'on n'a pas la soixantaine, » me disait, sur la place du Gouvernement, Aigremont, l'ami aux punaises, que l'envie de courir et de voir le monde venait tout à coup d'empoigner, et qui commençait par Alger sa tardive débauche, — « tant qu'on n'a pas la soixantaine, et tel est notre cas à tous deux, on peut, on doit voyager. Vie errante est chose enivrante, et instructive aussi. Rappelle-toi tes auteurs. Pourquoi sitôt te condamner à la retraite? L'exil d'Alger est charmant, d'accord; mais qui te dit qu'ailleurs, en Orient, en Australie, d'autres et plus charmants exils ne se rencontreront pas? Viens avec moi. Départ samedi pour Marseille. De là, droit en Égypte. Le Caire, les pyramides, les crocodiles, Philæ, quel lever de rideau! L'Inde après. Puis Melbourne, Java, la Réunion, — perle des mers, patrie du suave Parny, berceau du gracieux Berquin. — Les Andes et les Cordillères, la chute du Niagara. Tu publieras tes impressions. Les *Tour du monde* avec gravures font aujourd'hui fureur. Résultats : bénéfice et gloire.

Que si aucune de nos étapes ne t'a séduit en route, tu reviens, pis-aller toujours disponible, te réintégrer ici parmi tes Juifs et tes Bédouins. »

J'étais justement alors en train de bouder ma maîtresse, — Alger s'entend. — La fixité d'un bonheur vous le rend moins appréciable. Toujours belle, je la trouvais fade, la chère adorée; toujours sereine, monotone; toujours tendre, ennuyeuse. Et je lui cherchais querelle pour des riens : sa voirie négligée, ses ombrages insuffisants, ses bancs publics délabrés, des quartiers élégants mais dénués d'originalité succédant au pittoresque fouillis des constructions indigènes, les chemins de sa banlieue bordés de tristes murailles, et la villa bourgeoise remplaçant partout le manoir mauresque; aussi me sentais-je tenté de suivre ce vieux fou d'Aigremont, lorsque je reçus de Paris une lettre désolante, leçon terrible aussi, et qui eut bien vite réprimé mes velléités d'inconstance. — « Mon cher ami, » m'écrivait Calixte, « si fort que je regrette de te causer du chagrin, je ne puis tarder davantage à t'annoncer l'affreux malheur qui m'arrive. Je suis ruiné. L'ambition m'a perdu. Peu de temps après ton départ, m'étant, par un inventaire, assuré du florissant état de ma fortune, j'ai quitté les affaires et je me suis fait bâtir un château avec rochers, bassins, jets d'eau et pelouses près du parc à volailles. Les plans étaient superbes et d'un bon marché fabuleux : quarante mille francs. Il m'en a coûté le triple. Mon revenu n'étant plus alors en rapport avec le train d'une pareille maison, un vertige m'a pris, je suis allé à la Bourse, j'ai joué et j'ai perdu. Forcé de gagner mon pain comme au temps de notre jeunesse, je me suis remis au travail, je suis rentré dans ma maison de commerce, non plus en maître, hélas ! mais comme simple commis. Le délabrement de ma santé a suivi la débâcle de ma fortune. Des rhumatismes latents se sont accentués, déplacés, et menacent de gagner le poumon. Je souffre énormément, et je sens à certains symptômes que je n'ai plus guère de temps à vivre. Tu me parlais dernièrement de tes projets pour de nouveaux voyages. Je connais assez ta nature délicate et ton caractère inquiet pour prévoir qu'ils te feraient du mal. Ce qu'il te faut maintenant, c'est le repos du corps et la tranquillité de l'esprit. Le mieux est l'ennemi du bien. Pourquoi chercher d'autres pays si Alger te convient, je ne dirai pas tout à fait, mais même seulement à peu près ? Il est si rare d'être parfaitement bien en ce monde qu'il faut savoir se contenter du presque. *Experto credite.* Mon cher ami, adieu c'est ici, je le pressens, avec ma dernière lettre, mon dernier conseil. »

A ce ton solennel, si rare chez Calixte, impossible de me faire illusion sur la gravité de son état. Aussi lui répondis-je immédiatement tout ce qui me parut de nature à relever son courage : — Il s'exagérait les choses. Loin de hâter la mort, le rhumatisme était un gage de longévité. Et quant à la ruine, vétille ! N'étais-je pas assez riche pour deux? J'offrais de lui rendre à Alger l'hospitalité qu'il m'avait si généreusement donnée au quai de la Mégisserie. Nous vieillirions ensemble sous ce ciel dont la douceur et la beauté consolent de tous les chagrins, guérissent de tous les maux... Vains efforts. Moins de quinze jours après m'arrivait le grand pli bordé de noir.

XXIV

AUX COURSES.

A l'oreille soit dit, et bien bas, — car les courses de chevaux, si longtemps négligées chez nous, y sont aujourd'hui en honneur, et leur marchander tout haut l'enthousiasme serait se perdre de réputation, — je n'ai jamais éprouvé que de superficielles émotions aux péripéties de la piste. Je ne me rappelle m'être intéressé qu'une seule fois, dans ma vie déjà longue, aux scènes du turf. Voici en quelle circonstance. C'était à Mustapha, en 1862. Je m'étais, l'année précédente, fourvoyé dans les tribunes. Rien de plus ennuyeux et de plus incommode. On est littéralement en prison. Pas le moindre souffle d'air, une chaleur atroce, et pour peu qu'on occupe une seconde ou une troisième banquette, l'obligation de s'y percher, vos consorts de devant n'ayant rien de plus pressé que de vous masquer le spectacle en grimpant sur la leur. Aussi, l'affiche du libraire Dubos, principal agent de l'entreprise, étala-t-elle vainement pour moi les séductions de sa couleur jonquille et de ses majuscules gothiques. Au lieu d'un billet de tribune ou plutôt de prison et de torture, je pris un journal, un album, des crayons, et me munis d'une lorgnette à double tirage, invention toute nouvelle alors et qui, sous un moindre volume, possède la puissance du télescope. Me voilà donc casé dans un omnibus, *le Lion du Désert*. En un clin d'œil il est complet ; n'importe, des yaouleds enfourchent le timon, des biskris se juchent sur le faîte, et nous partons d'un galop effréné.

Le trajet d'Alger au Champ de manœuvre n'est pas long, il dure tout au plus vingt minutes ; mais pour un étranger, — je l'étais encore, — pour un artiste, pour le colon même, un jour de courses, quelle odyssée ! La foule est immense, en disproportion avec l'importance des localités. On dirait un exode, une émigration, émigration de la tour de Babel, tant les langages sont divers, tant les costumes sont variés. Sur les trottoirs, le chapeau, la casquette, la chachia, le sombréro, le képi, la redingote, la blouse, la gandoura, les souliers, la sandale, les espadrilles, les pieds nus. Sur les bas-côtés, les voitures se suivant pressées, à la queue leu-leu, comme à Paris le jour du mardi gras : omnibus aux fournées populaires, landaus aux riches toilettes, aux uniformes étincelants. Au milieu du chemin, les écuyers, les officiers, les hussards, les chasseurs, les zouaves ; toute une cavalerie de Bédouins avec leurs étendards aux bandes horizontales, leurs ajustements bigarrés, leurs bottes rouges, leurs hyperboliques chapeaux, leurs selles à haut dossier de fauteuil, leurs étriers profonds comme un marchepied de calèche, leurs filaines en satin broché, leurs harnais cousus d'or. Et puis des incidents sans nombre : buveurs arrêtés aux fontaines, chevaux qui se cabrent, amazones emballées, ânes, mulets, chiens, chevaux, errant à la traverse; roues qui s'accrochent, cochers qui jurent, fouets qui claquent, gamins qui glapissent. Les rayons du soleil, safranés par la poudre d'un siroco brûlant, donnaient au paysage une coloration étrange. Le ciel semblait de plomb, la terre de cuivre, les arbres de zinc rouillé. Les groupes, que tour à tour enveloppaient des tourbillons de poussière et frappaient d'insolites lueurs, produisaient des illusions fantastiques.

On nous descendit près des tribunes; mais laissant mes compagnons de corricolo se disputer, autour du guichet, les délices d'un perchoir aggravé par trente degrés de chaleur, je poussai jusqu'au pied des collines et suivis un petit sentier ombragé par deux haies de lentisques. Il me conduisit sur un mamelon dominant un site immense et où toutes les beautés de la nature semblaient avoir été réunies pour le plaisir des yeux. Le Champ de manœuvre en formait le centre, et dessinait en ellipse allongée son étroite piste dont le sable jaune tranchait comme une allée de jardin sur l'herbe naissante de l'arène. Au-dessus du Champ s'étageaient les flots du rivage ourlés d'écume, le golfe d'un bleu doux moucheté de voiles blanches, et tout à l'horizon, noyés dans l'embrun, le cap Matifou, l'Atlas et le Djurdjura. Au-dessous, mais dans un ordre inverse, les tribunes pavoisées, la grand'route, quelques maisons de plaisance, un bois de thuyas, des lauriers, des micocouliers, des jardins d'amandiers, de jujubiers, de citronniers, formant vallon et s'élevant de degré en degré jusqu'à mon observatoire. Sur la droite, une habitation mauresque avec des murs d'un blanc de neige, des fenêtres grillées, une terrasse, une coupole et de grands cyprès d'un vert sombre. A gauche, enfin, la silhouette d'Alger qui, malgré le vandalisme de la civilisation, conserve encore quelque empreinte de son ancien cachet oriental, le port enceignant dans ses bras de granit un vaste losange d'azur, le fort l'Empereur au sommet de la montagne, et puis une macédoine de villas, de routes, de sentiers, de bois, de tentes, d'édifices à désespérer la nomenclature.

Un caroubier couvert de chatons efflorescents m'abritait du soleil. Des milliers de plantes roses, — la scille parviflore et la scille aux feuilles obtuses, — diapraient le sol jonché des fanes satinées de l'asphodèle. L'air était tiède, presque frais, embaumé par le parfum des menthes et la résine des sapins. Des chèvres, un agneau, une vache fourrageaient çà et là dans l'ombre tamisée des arbres. Des volées d'oiseaux, des papillons jaunes, des demoiselles bleues traversaient par instants la perspective, se cherchant, se fuyant, jouant, picorant. La fraîcheur, la solitude et le calme de ce lieu causaient d'autant plus de plaisir qu'on en avait, à peu de distance, le contraste sous les yeux. Quel plus ravissant belvédère! L'ennemi des tribunes y prend place, déploie son journal, ouvre son album, taille ses crayons, ajuste sa lorgnette et se livre tour à tour à la lecture, au dessin, à la contemplation.

Cependant l'hippodrome s'était bordé d'un quadruple rang de spectateurs. Les Bédouins y parurent bientôt. Massés par divisions autour de leurs étendards, et galopant avec ensemble, ils se rangèrent en une longue ligne au milieu de l'ellipse et demeurèrent immobiles jusqu'au moment où le fracas des tambours annonça l'arrivée du gouverneur. Faisant alors feu de tous leurs fusils, ils s'élancèrent de nouveau et coururent à bride abattue se grouper par sections près des tribunes.

Ces préludes terminés, je laissai la lorgnette pour le crayon. Quel intérêt pouvaient, en effet, m'offrir ces bipèdes verts, cannelle, roses ou bleu de cobalt, ces quadrupèdes alezans, isabelles, cendrés ou bais, s'élançant tour à tour par deux, par trois, par quatre couples et dévorant l'espace en plus ou moins de secondes? Et je fis *in petto* son procès à notre pauvre espèce humaine pour s'en aller courir ainsi, naïf troupeau de moutons, au plus insipide des spectacles. Que des officiers de cavalerie, des sportsmen, des jockeys, des maquignons, des palefreniers, des cochers, y cherchent leur plaisir, passe encore, me disais-je; mais des femmes, des enfants, des épiciers, tous gens qui n'ont peut-être jamais de la vie touché un cheval, n'est-ce pas vraiment ridicule!

J'en étais là de mes objurgations quand une voix d'un timbre clair et harmonieux se fit entendre à quelques pas : — « Viens, Zora, nous verrons mieux d'ici, » disait-elle. Et bientôt apparut une fort agréable personne. Type andalou : teint brun, cheveux noirs, paupières allongées, regard doux et brillant. Toilette simple mais de bon goût : robe blanche à petites raies mauve, mantelet de même étoffe ; une capette de nankin enveloppant la tête. Elle avait à la ceinture un de ces bouquets de cassie et de feuilles de géranium rosat qui se vendent en hiver sous les arcades. D'une main elle tenait une ombrelle, et de l'autre une petite jumelle de cuivre en assez mauvais état. Ne s'étant pas aperçue de ma présence, que lui cachait une touffe d'aloès, elle marcha dans ma direction et s'assit dans l'ombre même de mon caroubier. La personne qu'elle avait interpellée ne tarda pas à l'y rejoindre. C'était une négresse.

A peine en place, l'Andalouse s'était mise à lorgner le Champ de manœuvre. Elle paraissait en proie à une très vive émotion. — « Le vois-tu ? » disait-elle à sa compagne. « C'est si loin qu'on ne saisit pas les détails. » La négresse tourna la tête, écarquilla ses gros yeux de bœuf, et fit avec le mufle qui lui sert de bouche une moue négative. L'autre alors d'essuyer fébrilement les verres, de tirer et de rentrer vingt fois les tubes de son méchant instrument. Inutiles efforts. De dépit, elle le jeta à terre et se croisa les bras. La galanterie, la bienséance, l'humanité, tous les bons sentiments me faisaient un devoir d'intervenir. Je me levai, tournai la touffe d'aloès et présentai ma jumelle à double tirage. Cette soudaine révélation d'un voisinage ignoré ne parut pas beaucoup effrayer la dame. Elle avait d'ailleurs dans sa négresse un chaperon formidable qui garantissait notre tête-à-tête en cette solitude, au pied du même caroubier, de toute interprétation maligne. Elle s'inclina, sourit, accepta mon offre, et ce furent aussitôt des exclamations de surprise et des cris de joie. — « Admirable! parfait! » disait-elle; « tout se distingue absolument comme si l'on y était. Voici une dame avec des grappes de raisin sur son chapeau, des messieurs avec de grandes bottes noires et des couvre-nuque de calicot blanc. »

Peu à peu cependant une attention plus concentrée succéda à ces premiers transports. Elle ne s'interrompait que pour me proposer de temps à autre, par acquit de conscience évidemment, tant sa voix était timide, tant son geste avait de lenteur, la restitution de mon instrument. Mais j'éprouvais trop de plaisir à la voir heureuse pour tenir compte de ses scrupules. Je rouvris même, afin de lui laisser une sécurité plus entière, mon journal et mon album que cette aventure m'avait fait poliment fermer. — « Comment se fait-il, Monsieur, » me dit-elle quelques instants après, voulant apparemment payer ma complaisance d'un gracieux dialogue, « comment se fait-il que vous ne soyez pas là-bas un jour pareil ? — J'ai craint de m'ennuyer. — C'est qu'alors vous n'êtes pas du pays ; autrement, vous connaîtriez, sinon un coureur, du moins le voisin du parent de l'ami d'un coureur, et cette simple connaissance suffirait à elle seule à vous intéresser. — Croyez-vous donc que chacun des cinq ou six mille badauds que nous voyons collés autour de la piste, sans compter ceux que nous cachent les tribunes, aient un motif, même aussi peu puissant, pour venir ? — Certes. Tenez, voici par exemple, à droite de la tente, derrière ce groupe de turcos, mon petit marchand de fleurs. Quand il a su que mon mari devait courir, il a bien vite déserté son arcade et, quitte à ne manger demain que du pain sec, il a suivi la foule. Enfin, ne serait-ce que le plaisir de prendre l'air et de voir du monde ! »

Donc, amende honorable à cette pauvre humanité, pensais-je. Et tout haut : — « Madame, puisque vous avez un mari qui court, permettez-moi de vous retourner la question que vous m'adressiez tout à l'heure : Comment se fait-il que vous ne soyez pas là-bas ? — J'ai craint de m'y passionner trop. Je suis extrêmement nerveuse, et une attaque est bientôt venue. Tandis qu'ici, de loin, au frais, il me sera plus facile de supporter les émotions de la lutte. — Vous me paraissez exagérer l'importance de ces courses. — Oh! Monsieur, c'est qu'il s'agit pour moi d'un grand chagrin ou d'un grand bonheur. Si mon mari a la chance de gagner le prix, nous nous embarquons la semaine prochaine et nous allons en France embrasser ma vieille mère que je n'ai pas vue depuis quatre ans. — En France? Je vous avais prise pour une Espagnole. — Espagnole, en effet, mais mes parents restent près de Cannes. — Superbe pays! — Vous le connaissez? — Beaucoup. J'y suis allé plusieurs fois dessiner, et j'ai même demeuré tout un mois dans l'île Saint-Honorat. — L'île Saint-Honorat! Mais il n'y a qu'une maison habitable dans l'île Saint-Honorat, et c'est la maison de mon oncle Pedro. — Comment, vous seriez la nièce de ce bon M. Pedro chez lequel j'ai trouvé une hospitalité si cordiale? Le digne homme! Je ne pense jamais à lui sans plaisir et, faut-il aussi l'avouer, sans remords. Il était convenu entre nous que je lui laisserais une de mes ébauches, et puis, au moment du départ, j'ai complètement oublié ma promesse. Il n'a sûrement pas osé réclamer. Voilà plus de dix ans. L'à-propos faisait le seul prix de ce don. Envoyé par la poste, il eût paru ridicule. Mais puisque vous allez bientôt revoir ce brave ami, si vous lui remettiez de ma part, comme souvenir, comme simple carte de visite, tenez, là, ce paysage auquel je travaillais tout à l'heure, et qui sera fini dans une minute... — Bien volontiers. Mais le ferons-nous, ce voyage? Tout dépend de la course. » Puis, changeant tout à coup le timbre de sa voix : — « Ah! le voilà, » s'écria-t-elle, « voilà mon mari. Regardez, le jockey pistache. C'est son tour, ô mon Dieu! »

Deux cavaliers venaient effectivement de partir, l'un saumon, l'autre pistache. Les chances parurent d'abord égales ; mais vis-à-vis de l'hôtel des bains, le saumon dépassa son concurrent. Ma voisine était immobile, oppressée, haletante. Au tournant de la piste, les lutteurs se retrouvèrent de front. Rien ne se gagne comme l'intérêt. Il me sembla que la béatitude ou la désolation étaient pour moi aussi au bout de cette épreuve. Et, toute exagération à part, la réparation d'une désobligeante étourderie, le payement d'une dette du cœur, la satisfaction du bonhomme Pedro, le ravissement d'une jolie femme, la félicité d'une mère, ne s'y trouvaient-ils pas réellement engagés?

Parvenus devant les tribunes, les deux coureurs nous furent un instant cachés. On devine avec quelle anxiété nos yeux se fixèrent, pour les attendre, au pied du char enguirlandé de la commission. Ils y parurent bientôt, trop tôt, hélas ! le sportsman saumon en tête... Je regardai la dame; elle pleurait. J'allais, de colère, déchirer mon dessin. — « Mais ce n'est pas fini, il leur reste encore un tour ! » m'écriai-je en voyant nos champions poursuivre leur ronde effrénée. Le cavalier pistache regagnait insensiblement le terrain perdu, et faisant un suprême effort, il arriva le premier au but. On comprend la joie de la belle Andalouse. Elle essuya ses larmes, se dressa vivement comme une hirondelle qui prend son essor, et tirant Zora par la manche, elle se précipita vers le Champ de manœuvre. — « Et la fantasia ! » lui criai-je, « vous ne restez pas pour la fantasia ? — L'année prochaine. — Et ma commission ! — C'est trop juste. » Elle revint sur ses pas et prit mon dessin. Moins d'une minute après, elle avait disparu derrière les thuyas.

Est-ce favorable disposition d'esprit ? est-ce effet de la perspective ? L'un et l'autre sans doute, mais la fantasia me parut d'une magnificence hors ligne. On en distinguait, de la hauteur où j'étais placé, tout l'ensemble et tous les détails. On pouvait suivre d'un bout à l'autre, et toutes à la fois, les évolutions rapides des cavaliers. Il y eut un moment d'illusion étrange. Le soleil s'était caché, un nuage de fumée, de poussière et de vapeur mêlées épaississait l'air. Le turf, borné au nord, comme j'ai dit, par le rivage, sembla tout à coup, mais à s'y tromper, une section verticale des profondeurs de la mer. Ainsi la figurent les iconographes dans les dessins explicatifs de la cloche à plongeur ou de la pêche au corail. Ainsi nous la montrent encore les aquariums. Et les Bédouins qui galopaient dans cet espace indéfini, sans ombre, sans reflet, sans point d'appui ostensible, avaient l'air de poissons chimériques nageant, glissant, se poursuivant au fond des ondes. Puis, lorsque les goums, drapeaux en tête, s'avancèrent de front vers le gouverneur pour lui rendre hommage, un puissant rayon de soleil jeta sur toute la scène comme un embrasement d'apothéose.

C'était le bouquet. Je redescendis en courant la colline afin d'arriver assez tôt pour les omnibus. Le *Berceau d'amour* me reçut à son bord. La route était hérissée d'obstacles. Piétons, cavaliers et voitures se disputaient l'étroite chaussée. Il fallait s'arrêter à tout moment pour laisser passer des files de soldats, des troupeaux d'Arabes, des processions de dignitaires. Pendant ces embarras, j'aperçus tout à coup ma charmante connaissance du caroubier à la fenêtre d'une maison de l'Agha. Son mari pistache était à côté d'elle, la cravache encore en main. Au risque de commettre une indiscrétion, j'agitai mon chapeau. Je fus tout de suite remarqué. La dame inclina gracieusement la tête. Le cavalier, probablement informé de l'aventure, me salua en souriant. Puis tous deux me montrant la ligne de l'horizon dans la direction de la France, ils firent de la main le geste d'un vaisseau qui vogue doucement balancé.

XXV

ASPHODÈLE ET CYCLAMEN.

J'avais quatre ans à peine, et l'on m'habillait encore en fille lorsque je fis un rêve où, la main dans la main de ma chère maman, je traversais avec elle un bois rempli de fleurs blanches côtelées de rose saumon et dentées comme des étoiles ; elles s'épanouissaient innombrables au sommet de tiges rameuses et presque aussi hautes que moi. Mille insectes brillants,—abeilles, mouches, papillons, — voletaient à l'entour. Le ciel était bleu, l'air doux, et je me sentais heureux au possible. Que de fois, depuis lors, cette idylle a repassé dans mon souvenir ! Que de fois je me suis rappelé les étoiles fleuries du rêve, me demandant tristement si la réalité ne m'en offrirait jamais de pareilles, jusqu'au jour éloigné.... Mais n'anticipons pas.

Tandis que la plupart des enfants prennent pour éphémérides les fruits, qu'ils ont l'époque des cerises, celle des prunes, des abricots, du raisin, mon calendrier à moi, esprit plus poétique que pratique, se composait de floraisons. J'avais le mois des primevères, celui du lilas, du chèvrefeuille, des pivoines. Mais de mes suaves anniversaires, les plus désirés, les plus fêtés, c'étaient ceux des clairins, du muguet et des bluets, autrement appelés barbeaux.

Les clairins se cueillaient dans le petit bois de Nogent, aux premiers jours d'avril, même avant la poussée des feuilles. Nous nommons clairin, dans la Brie, le *narcissus pseudo-narcissus* de Linnée, vulgairement dit aussi narcisse des bois. Il est couleur de soufre, à calice en forme de dé à coudre. Nous en fleurissions, ma sœur, mon frère et moi, nos chapeaux, nos souliers, nos poupées, nos pantins. C'était, pendant huit jours, une fête !

Le muguet, ou lis des vallées, *convallaria maialis*, suivait les clairins de près, mais il fallait l'aller chercher beaucoup plus loin, dans d'autres bois. La cueillette aussi demandait plus de temps, un seul clairin valant, pour le volume, au moins dix brins de muguet. N'importe ; nous l'aimions surtout pour notre mère qui raffolait de son parfum pénétrant. De retour au logis, on en remplissait de grands vases ; toute la maison s'en trouvait pendant plusieurs jours embaumée.

Et la saison des bluets ! Nous la préférions encore aux autres. Elle primait même, à nos yeux, la fameuse époque des étrennes. Délaissant les bois frais, nous côtoyions alors, sous le soleil ardent, la lisière des blés, et là, malgré la peur du garde champêtre, que d'enjambées furtives, que de sillons fourragés pour atteindre, au milieu de sa forêt d'épis, l'éclatant barbeau ! Nous en rapportions des bottes qui, aussitôt tressées en couronnes, en colliers, en chapelets, se partageaient nos têtes blondes, le cou de Médor et les reposoirs de la Fête-Dieu.

Je me suis toujours senti moins de penchant pour les fleurs cultivées. Enfant, alors que rien ne plaît si l'on ne peut jouer avec, il m'était défendu d'y toucher. Jeune homme, à l'âge où vous tourmente le besoin de courir le monde, il m'a fallu, pendant quatre ans, rester leur prisonnier. On serait rancunier à moins. Aussi, maintenant encore, me semble-t-il plus agréable d'arracher aux buissons des haies le liseron commun, la simple viorne, que de cueillir, dans un jardin soigneusement tenu, la rose la plus double ou le dahlia le mieux conditionné.

Il est un épisode de ma vie sur lequel je ne me suis, jusqu'à ce jour, ouvert qu'à mes amis les plus intimes. Les souvenirs du cœur ont de ces timidités dont l'âge seul triomphe. Tel secret d'amour dont la confidence eût, aux yeux de l'adolescent, frisé le sacrilège, ne semble plus au vieillard qu'un banal sujet d'anecdote. La passion est calmée, les témoins ont disparu. Lui-même se sent tellement changé que ce n'est plus sa propre histoire, mais celle d'un autre qu'il raconte.

Je vaguais donc par l'Italie lorsque je fis, à Pise, au sommet de la tour penchée, la rencontre d'une famille composée d'un papa grisonnant, d'une maman jeune encore, et de la plus ravissante blondine qu'il soit possible d'imaginer. Blondine, — laissons-lui ce nom, — Blondine s'occupait de botanique, le papa, peintre comme moi, croquait les sites en amateur, et la maman, demi-bas-bleu, le carnet toujours en main, tenait le mémorial du voyage. Nous nous retrouvâmes à Rome, logés presque porte à porte dans le même hôtel, où la connaissance se fit rapidement, vu les multiples sympathies. Possédé, pour ma seule part, du triple dada qu'ils se partageaient entre eux, tantôt je rédigeais des impressions avec la mère, tantôt je dessinais des fabriques à côté du vieux, et hors tour, aussi souvent que l'occasion voulait bien s'en offrir, j'herborisais avec Blondine.

S'il s'agissait d'un roman, je détaillerais ici, dans le style *ad hoc*, les préludes, les progrès, la profondeur d'un amour qui remplit deux années de ma vie. Le cadre restreint de ces *Souvenirs* s'oppose à de pareils développements. Qu'il me suffise de dire que Blondine était, — du moins aux yeux de son adorateur, — la beauté, la bonté, la grâce par excellence, et que ses parents, braves gens bien posés, possesseurs d'une certaine fortune, passaient communément l'hiver à Paris, l'été dans leurs terres et l'automne en voyage. Si leur compagnie me plaisait, j'eus aussi tout lieu, plusieurs fois, de supposer que la mienne ne leur était pas désagréable, et lorsque l'année suivante j'allai les rejoindre sur les bords du golfe de Naples, ce fut, sinon encore en qualité de prétendu, du moins à titre d'ami.

Nous y passâmes l'automne ensemble, et tout à fait en famille, dans une petite villa de Castellamare. Les délicieuses parties, les divins loisirs ! Nous nous promenions tous les jours, soit du côté de Sorrente, soit vers Salerne, au bas des pittoresques rochers d'Amalfi. Mes esquisses les moins imparfaites, mes narrations les mieux inspirées datent de cette époque. Nous fussions restés là toute la saison, toute la vie, sans des affaires qui, vers le milieu d'octobre, nous rappelèrent en France. La veille du départ, nous avions gravi plus haut que de coutume les pentes escarpées du mont Saint-Ange. Craignant que la nuit ne nous y surprît, nous laissâmes, pour revenir, les interminables circuits du chemin, et descendîmes droit sur la ville à travers un taillis de châtaigniers.

Tandis que les parents n'avançaient qu'avec la traditionnelle lenteur, Blondine et moi nous courions deci, delà, cueillant des plantes et les serrant à mesure dans sa boîte de fer-blanc. Soudain, elle m'appelle : — « Oh ! voyez donc ! » Et du doigt elle me montre, parmi des entrelacs d'églantiers, une gentille fleurette d'un rose pâle nuancé de lilas. Vraie découverte ; jamais nous n'en avions trouvé de semblable. Au risque de me blesser, je plonge au milieu du buisson et lui ravis son trésor. Ma compagne s'en empare, le contemple, s'extasie, m'en fait respirer, après elle, le suave parfum, et sur le point de l'envoyer rejoindre, au fond du réceptacle de métal, graminées, orchidées, papillonacées : — « Non, pas là ! » s'écrie-t-elle, « pas là ! » Et, sans plus d'explications, elle l'attache à sa ceinture. — « Si je vous offrais, » lui dis-je aussitôt à brûle-pourpoint, « un bouquet de fleurs d'oranger, le mettriez-vous aussi là ? » Elle inclina la tête en sou-

riant et rougissant. Telles furent nos fiançailles.
Puis des projets à n'en pas finir. La mignonne
inconnue serait d'abord trempée dans l'eau, et ne
recevrait que le plus tard possible les honneurs
posthumes de l'herbier. Gage aujourd'hui de notre
amour, elle serait ensuite, et pour la vie, le symbole de notre union. Nous en ferions graver le
dessin sur un cachet destiné à timbrer le coin de
nos lettres. Les Bourbons avaient le lis, Lancastre, la rose rouge, les Écossais le chardon, nous
aurions, nous, le... ou la..., nom très joli sans
doute, et que nous brûlions de connaître.

Hélas! premier pressentiment de l'inanité de
nos espérances, rentrés à Castellamare, nous ne
retrouvâmes plus la fleur au côté de Blondine.
Quelque accident, un fouettement de branche,
un frôlement d'étoffe, l'en avait arrachée sans
doute. Le temps manquait pour aller en chercher
une autre. Puis, de retour à Paris, impossible de
nous la rappeler assez exactement pour en reconnaître le nom dans les livres de botanique. Combien de fois, depuis, ne nous sommes-nous pas
demandé : « Et le nom de la fleur? Et le nom de
la fleur? » Ma pauvre fiancée ne le connut jamais.
Moins de six mois après notre ascension du mont
Saint-Ange, elle mourait d'un refroidissement,
pris, une nuit, en sortant du bal. « Elle aimait

trop le bal; » j'ai bien souvent depuis relu cette ode à son intention.

Dix ans après, c'était en 1860, les médecins m'avaient conseillé, pour faire suite aux eaux de Luchon, d'aller passer l'hiver dans le Midi. Connaissant Alger pour l'avoir exploré déjà, je choisis cette résidence. Mais, quel qu'en soit l'agrément, elle ne pouvait suppléer en un jour aux amis, à la patrie absente. On change difficilement de longues et chères habitudes. Aussi la rue Bab-Azoun me parut-elle d'abord moins animée que la Chaussée-d'Antin, le théâtre de la place Bresson moins excellent que l'Opéra, et mes soirées solitaires dans une chambre garnie moins amusantes que le whist, la musique et les causeries de famille. Ma boîte à couleurs me valut mes premières consolations. Elle sur mes genoux, les regrets du passé faisaient place aux satisfactions du présent. Et que n'oublierait pas un artiste devant ces touffes de cactus, ces buissons d'aloès aux formes exotiques, ces marabouts, ces sépultures d'une originalité si tranchante, ces massifs d'orangers, ces groupes de palmiers, cette nature enfin que les premiers peintres orientalistes ne se sont appropriée qu'au prix de voyages dispendieux et de fatigantes études, et dont les trésors venaient bénévolement, et pour rien, s'offrir à mes crayons !

Les plus beaux lieux ne sont pas toujours ceux qui nous captivent davantage. J'avais vu la pointe Pescade, Birtraria, la vallée des Consuls, le ravin de la Femme sauvage, et cependant où mes pas aimaient le plus à s'égarer, où mes yeux se reposaient de préférence, c'est dans un vallon bien étroit, bien modeste, et que j'avais comme découvert aux environs de Fontaine bleue. Là, pas d'horizons étendus, pas de motifs saisissants : à droite, un petit bois de thuyas; à gauche, des pentes garnies d'oliviers et de caroubiers; au fond, un bouquet de figuiers, de jujubiers et de chênes verts ombrageant des rocs tapissés de bruyères, de genêts, de lentisques; sur la crête, deux maisons d'un blanc vif, flanquées de cyprès et de lauriers-roses; mais tout cela séduisant au possible. Et puis un silence, une paix! Jamais l'ombre d'un passant, jamais l'œil d'un propriétaire. Était-ce bien d'ailleurs une propriété? Rarement communal, désert, thébaïde, offrit mieux l'image de la terre avant la création de l'homme. J'y revins d'abord quelquefois, puis souvent, puis tous les jours, m'installant comme chez moi dans le commode huis clos de l'atelier, avec mes couleurs, mon parasol et mes modèles, — tantôt un gamin maltais, tantôt un yaouled demi-nu, — pour porter les ustensiles et poser dans le paysage. Et je sentais chaque visite alléger mon esprit d'une pensée chagrine, soulager mon cœur d'un regret. Aussi, faute de nom connu dont je pusse le désigner, appelai-je ce coin : *Vallon des Oublis utiles*. Le vocable eut de l'écho, et aujourd'hui nombre d'Algériens ne désignent pas autrement la campagne Mahi-Eddin.

Pourtant, au milieu de ce luxuriant paradis, certaines absences me laissaient encore des tristesses. Plus de clairins, me disais-je, plus de muguets, plus de bluets pour rappeler à ma pensée les sympathies de mon enfance et les amours de mon jeune âge, lorsque soudain, en gravissant le champ des bruyères, qu'aperçois-je au fond d'un fourré de lentisques !... La fleurette de Blondine ! Jugez de mon émotion. Je me baisse, je m'agenouille pour la contempler de plus près, pour la flairer, la cueillir. Et soudain, sans changer d'aspect, le vallon se transforme. J'ai rajeuni de dix ans; j'aime, je suis aimé, je me promène dans la montagne de Castellamare, auprès de Naples et du Vésuve. *Elle* va venir. Le bas de sa robe a tant de fois effleuré ce gazon ! Souveraineté du prestige ! Je suis demeuré là jusqu'au soir, plongé dans des réminiscences qui, plus récentes, m'eussent navré sans doute, mais auxquelles leur éloignement donnait une réelle douceur. Que devenaient, auprès, mes misérables regrets d'Opéra, de Chaussée d'Antin ! Je n'y songeai plus que de loin en loin, et dès ce moment je compris que la terre où m'avaient si fidèlement suivi et où s'étaient comme incorporés les plus palpitants souvenirs de mon cœur serait ma patrie suprême.

Les botanistes ne manquent pas à Alger. Leur maître à tous, le bon professeur Durando, m'eut bien vite appris le nom et les qualités de ma favorite. C'est le cyclamen. Rare dans le nord de l'Europe, il abonde en Provence, en Espagne, en Italie, mais l'Algérie, avec ses pentes broussailleuses et ses automnes prolongés par-dessus l'hiver qu'ils suppriment jusqu'au retour du printemps, est le pays qu'il semble préférer. Nulle part il ne se montre en pareille profusion, avec des corolles aussi larges et des pédoncules aussi puissants. On dirait une grande espèce. Les amateurs ont beau le mettre au pillage, en cueillir les fleurs par poignées, en arracher les tubercules par centaines au profit de leurs jardins ou même de l'exportation, ces soustractions abusives, ces razzias, loin de l'appauvrir, lui profitent. Il renaît plus abondant chaque saison.

Que de moissons n'en ai-je pas faites moi-même depuis, soit seul, soit avec des amis, tantôt au marabout de Sidi-Yahia, tantôt à la Fontaine fraîche d'Hussein-Dey! Non content d'en savoir dehors des champs toujours à ma disposition, j'en voulus avoir chez moi. Mon balcon en fut couvert, et, depuis vingt ans, je n'en ouvre pas les croisées qu'une touffe de fleurs roses ou de feuillage marbré ne me rappelle un des plus chers épisodes de ma vie.

On est quelquefois embarrassé pour trouver un nom de baptême. Nous avons déjà emprunté au vocabulaire des fleurs, Narcisse, Rose, Hyacinthe, Marguerite ; pourquoi n'y joindrions-nous pas, rimant avec Carmen et rappelant Célimène, Cyclamen ? Peut-être la proposition n'est-elle pas en parfait accord avec les us chrétiens ; mais nul doute que placés sous un si modeste, si doux et si gracieux patronage, les cyclamens n'aient bientôt fourni leur saint ou leur sainte au calendrier.

A la reconnaissance du cyclamen devait en suivre pour moi une autre non moins fortuite, et dont l'étrangeté frise même le merveilleux. Vers la fin de février, retournant à mon vallon auquel j'avais, pour des travaux de chevalet, fait une infidélité de plusieurs jours, je m'arrête stupéfait dès les premiers pas. Veillé-je ou plutôt continué-je le beau rêve de mon enfance lorsque, la main dans la main de ma chère maman, je traversais le bois rempli de fleurs? Des fleurs exactement pareilles, blanches, côtelées de rose saumon et dentées comme des étoiles, avec leur cour ailée d'abeilles et de papillons, couvrent en partie les pentes. Je me tâte, je m'interroge, je passe l'inspection de ma « guenille » et de mon « moi »; impossible de s'y tromper, mes cheveux clair-semés, mes pensées plus graves l'attestent : je veille, je ne rêve pas. Mais alors comment expliquer cette vision pour ainsi dire béatifique d'une fleur dont la rencontre ne devait s'effectuer que quarante ans après et à quatre cents lieues de distance?

Le même bon professeur m'apprit en ville le nom et l'histoire de ma nouvelle recrue. C'était tout simplement l'asphodèle. La plante est vraiment jolie avec sa tige rameuse et ses pétales blanc saumoné dont le parfum, un peu âcre à huis clos, ne manque pas, en plein air, de suavité. Mais elle abonde tant sur nos coteaux du Sahel que les Algériens la méprisent, et que les hiverneurs eux-mêmes, après un premier mouvement d'admiration, ne s'y intéressent bientôt plus. Ne sait-on pas d'ailleurs que, chez les anciens, ses tubercules passaient pour servir de nourriture aux mânes, qu'on en plantait autour des tombeaux et que de nos jours encore, en divers lieux et notamment dans le sud de l'Italie, la verge de Jacob et le bâton royal, autres noms de l'asphodèle, s'appellent aussi fleur de la mort?

N'importe, l'asphodèle va, dans mon affection, de pair avec le cyclamen. Si l'un me rappelle Blondine à l'heureux temps de nos amours, l'autre me rappelle ma mère et les meilleurs jours de mon enfance. Et je serais fort empêché de dire lequel des deux contribue le plus à me faire chérir mon exil. J'ai maintes fois, depuis que j'habite Alger, essayé de me rattacher au pays natal. Ce n'est certes point sans émotion que j'ai retrouvé là-bas, dans le petit bois de Nogent et dans les blés d'Yèbles, ces clairins, ce muguet et ces bluets du Nord, inconnus ou du moins très rares dans le Sahel; mais quand, au mois des cyclamens, j'ai vu la terre geler; mais quand, au mois des asphodèles, je l'ai vue couverte de neige, je me suis senti pénétré d'une invincible nostalgie de soleil, d'azur et de fleurs. Contristé, abattu, malade chaque fois, j'ai dû fuir plutôt que de partir. Et si quelque gaieté anime ces *Souvenirs,* c'est qu'ils ont tous été rédigés tantôt à ma fenêtre, devant un des plus beaux golfes du monde, tantôt dans des Élysées dignes du pinceau de Zeuxis et de la muse de Théocrite.

Or, c'est précisément au sein de mon cher vallon des Oublis utiles que je trace ces derniers mots. L'hiver, notre meilleure saison, y prodigue ses caresses. Un doux soleil flamboie dans le ciel bleu, les amandiers sèment de leur neige embaumée le gazon diapré de thlaspis, d'orchidées et de marguerites, les baies du cyclamen mûrissent sous l'abri de leurs feuilles nuancées d'élégantes marbrures, tandis qu'à l'ombre des thuyas scintillent pressées les étoiles de l'asphodèle. Nul ne peut prévoir l'avenir. Qui sait à quels horizons m'emporteront encore les hasards de la vie! Et cependant, mon aversion pour les pays sombres et froids m'en donne le pressentiment: ce ne sont ni les clairins, ni le muguet, ni les bluets qui, l'heure du repos venue, orneront ma tombe; j'y vois plutôt d'ici fleurir, — et cette perspective ne me déplaît pas, — l'asphodèle et le cyclamen.

FIN.

TABLE

	Pages
Préface.	5
I. L'École buissonnière.	7
II. L'Entrée au collège.	17
III. Louis-Philippe.	27
IV. La Mille-Écus.	40
V. Victor Hugo.	51
VI. Roger de Beauvoir.	66
VII. La dame des Batignolles.	78
VIII. Carnac.	95
IX. Berlin.	114
X. Cavaignac.	125
XI. Léon Faucher.	134
XII. La Fin du monde.	147
XIII. A Naples.	162
XIV. Fromentin.	171
XV. Le Colosse d'Arona.	181
XVI. Alphonse Karr.	191

	Pages
XVII. En Corse.	202
XVIII. Pie IX.	216
XIX. La Folle d'Ischia.	226
XX. Murat.	236
XXI. Le Cimetière des Capucins.	246
XXII. Chef de brigands.	256
XXIII. Calixte.	268
XXIV. Aux courses.	290
XXV. Asphodèle et Cyclamen.	304

A PARIS

DES PRESSES DE D. JOUAUST

Imprimeur breveté

RUE SAINT-HONORÉ, 338

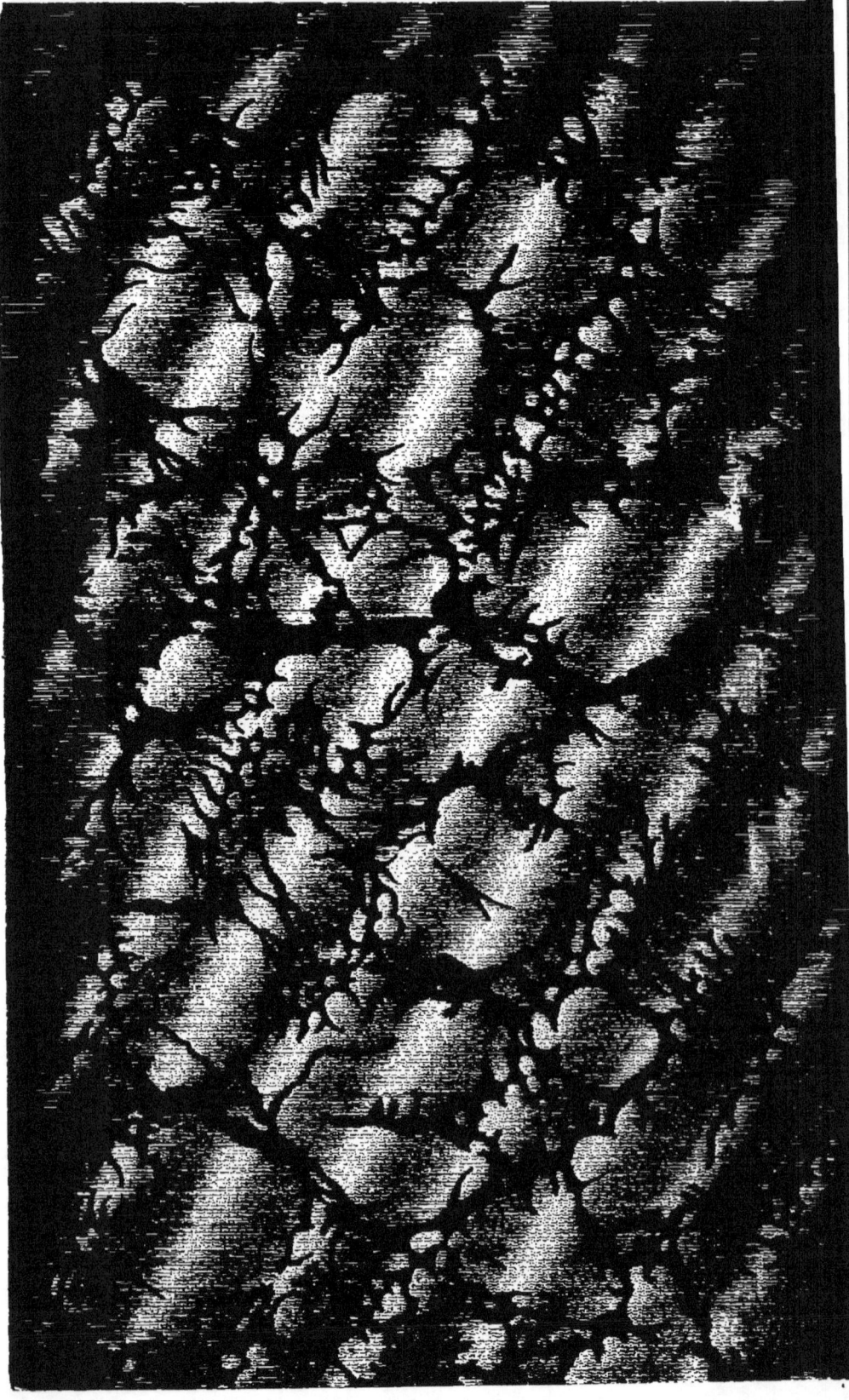

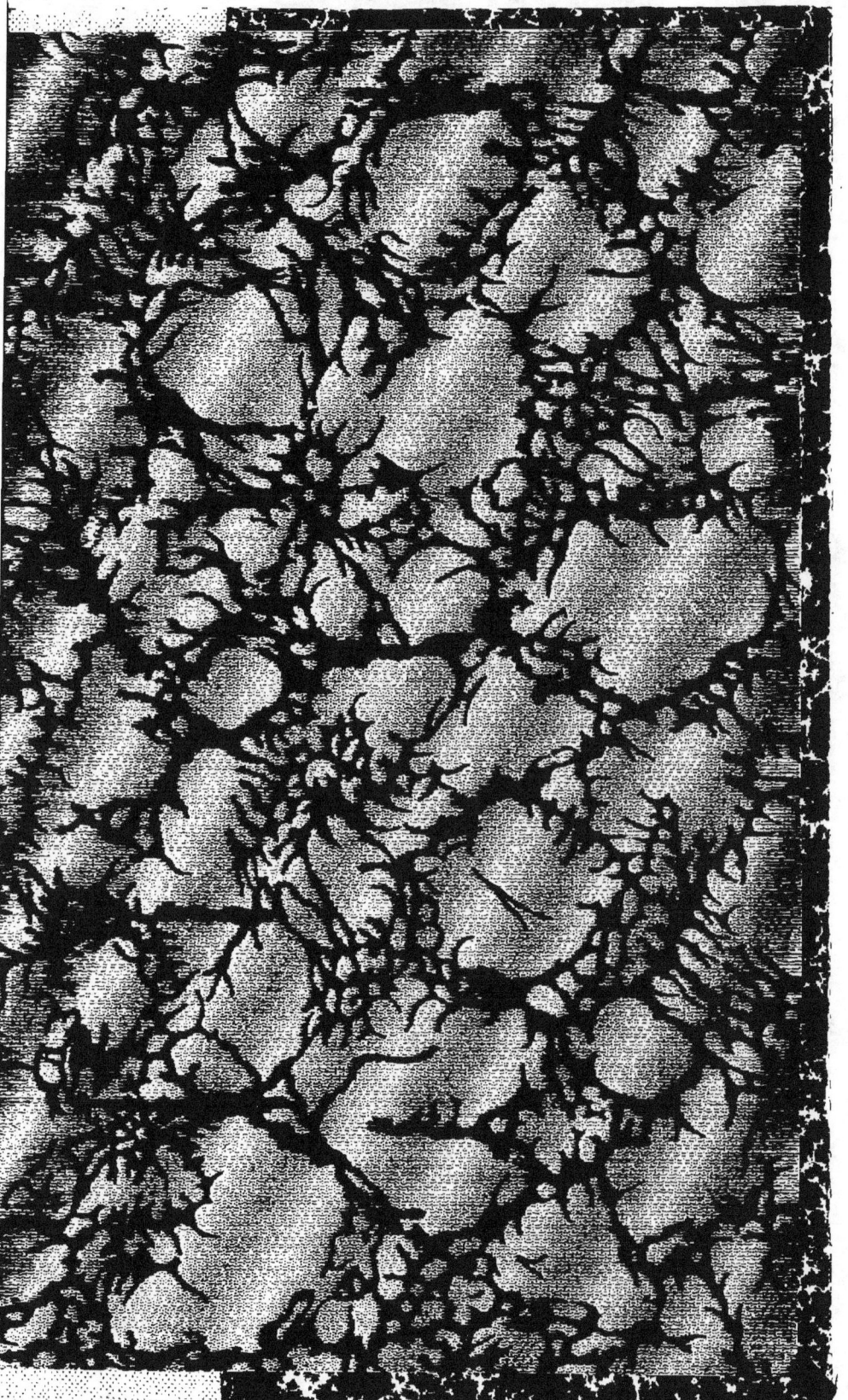

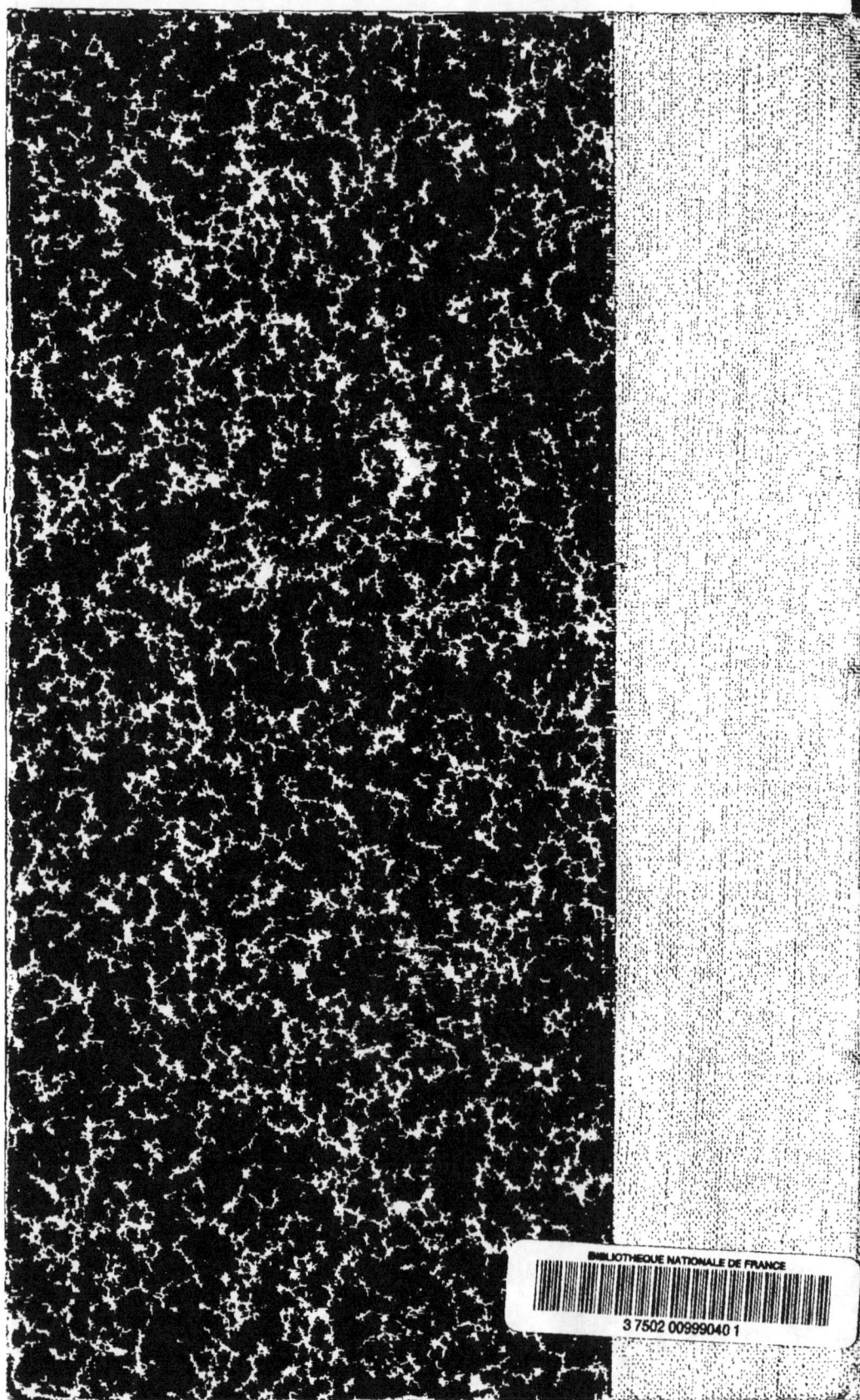